능력과 가치를
높이고 싶다면
된다!

어떤 **인공지능**에서도 통하는 **프롬프트 작성법**

생성형 AI

사진 &

이미지

만들기

된다!

정확도를 높이는 프롬프트 글쓰기부터 검증 방법까지!

김원석, 장한결 지음

이지스퍼블리싱

능력과 가치를 높이고 싶다면
된다! 시리즈를 만나 보세요.
당신이 성장하도록 돕겠습니다.

된다! 생성형 AI 사진＆이미지 만들기
Gotcha! Creating Photos & Images with Generative AI

초판 발행 • 2023년 10월 22일
초판 2쇄 • 2024년 2월 5일

지은이 • 김원석, 장한결
펴낸이 • 이지연
펴낸곳 • 이지스퍼블리싱(주)
출판사 등록번호 • 제313-2010-123호
주소 • 서울특별시 마포구 잔다리로 109 이지스빌딩 4층(우편번호 04003)
대표전화 • 02-325-1722 | **팩스 •** 02-326-1723
홈페이지 • www.easyspub.co.kr | **페이스북 •** www.facebook.com/easyspub
Do it! 스터디룸 카페 • cafe.naver.com/doitstudyroom | **인스타그램 •** instagram.com/easyspub_it

총괄 • 최윤미 | **기획 및 책임편집 •** 이수진, 임승빈, 이수경 | **IT 1팀 •** 임승빈, 이수경, 지수민
교정교열 • 박명희 | **표지 및 본문 디자인 •** 트인글터 | **인쇄 •** 명지북프린팅
마케팅 • 박정현, 한송이, 이나리 | **독자지원 •** 박애림, 오경신
영업 및 교재 문의 • 이주동, 김요한(support@easyspub.co.kr)

ISBN 979-11-6303-517-6 13000
가격 18,000원

우리를 조금 크게 만드는 데
걸리는 시간은
단 하루면 충분하다

A single day is enough to make us a little larger.

파울 클레
Paul Klee

"어떤 생성형 AI에서도 통하는 묘사형 글쓰기, 완성도 높은 이미지를 얻는 지름길을 친절하게 안내합니다"

여러분은 어떤 계기로 이미지 생성 AI에 관심을 갖게 되었나요? 그림을 손쉽게 그릴 수 있어서? 아니면 업무에 필요해서? 혹시 인공지능이 내 일자리를 위협할 거라고 걱정한 적도 있나요?

챗GPT가 처음 등장했을 때 프로그래머인 저는 언젠가 AI가 내 일자리를 빼앗을 수도 있겠다는 생각을 했습니다. 그 후 나는 앞으로 어떻게 해야 할까 고민하며 다양한 인공지능을 사용해 보았고, 그 답을 이미지 생성 AI에서 찾을 수 있었습니다.

《된다! 생성형 AI 사진＆이미지 만들기》는 이미지 생성 AI를 활용해서 완성도 높은 이미지를 얻을 수 있도록 가장 기본적인 사용법부터 차근차근 알려 줍니다. 책의 구성대로 따라가며 실습하다 보면 실생활에 필요한 이미지를 능수능란하게 뽑아 낼 수 있습니다.

원하는 이미지가 잘 나오지 않는다면서 조금 사용하다 그만두는 분도 있을 것입니다. 여러분, 포기하지 마세요. 누구나 이미지 생성 AI를 잘 다룰 수 있는 능력을 이미 가지고 있답니다. 자기 생각을 글로 표현할 줄만 알면 인공지능을 이용해 원하는 그림을 충분히 그릴 수 있습니다. 이 책은 잠자고 있는 여러분의 글쓰기 능력을 깨워 이미지 생성 AI를 잘 다룰 수 있도록 검증된 지름길을 최대한 쉽고 친절하게 안내합니다.

이 책을 읽고 나면 인공지능이 우리 삶을 더욱 풍요롭게 해주는 존재라는 사실과 결국 AI 시대에는 나의 생각과 개성, 창의성이 중요하다는 것을 금세 깨달을 것입니다. 이미지 생성 AI뿐 아니라 다른 종류의 인공지능을 사용하더라도 빠르게 적응하고 자유자재로 활용할 수 있는 자신감까지도요!

여러분의 개성을 더욱 더 펼쳐 보세요. 이미지 생성 AI로 인공지능이라는 거인의 어깨에 올라탈 준비를 시작하세요. 그리고 인공지능 시대의 얼리어답터로 재미있게 즐기시길 바랍니다.

김원석 드림

"사진가나 일러스트레이터, 디자이너들이
실제 사용하는 작법을 응용하는 키워드 선택법!"

《된다! 생성형 AI 사진&이미지 만들기》에서는 프롬프트 작성법을 중심으로 배웁니다. 이미지 생성 AI가 기본적으로 인간의 자연어를 바탕으로 작동하기 때문인데요. 현재 AI는 인간 언어를 사용하는 초기 단계인데도 다양한 분야에서 인간의 노동력을 위협할 만큼 발전했습니다.

모순되게도 'AI가 나를 대체할까? 정말로 글을 자연스럽게 잘 쓸 수 있을까?'라는 의문은 저와 AI의 연결점이 되었습니다. 특히 국문학 지식을 활용해 프롬프트 작성법을 꾸준히 연구한 결과 **무작정 글을 쓰는 것보다 실제 사용하는 작법을 활용했을 때 원하는 그림을 훨씬 더 효과적으로 얻을 수 있다는 사실**을 깨달았습니다. 그 경험을 기반으로 이 책을 집필했습니다. 따라서 이 책은 AI 활용을 다루는 실용서이면서도 **글쓰기 방법의 기본 지식과 미술과 관련된 유용한 정보** 또한 얻을 수 있습니다.

이 책으로 이미지 생성 AI 프롬프트 작성법을 배우고 나면 여러분이 상상하는 이미지 대부분을 구현할 수 있습니다. 다만 몇 가지 주의할 점이 있습니다. 첫째, AI 모델은 각각 서로 다른 특징이 있으며 일정한 주기로 업데이트되므로 프롬프트 반영 정도가 달라질 수 있습니다. 둘째, 저작권 문제 등으로 이 책과 똑같이 입력해도 100% 일치하는 그림이 생성되지 않을 것입니다. 마지막으로 이미지 작업을 전문으로 한다면 생성된 이미지에서 미흡한 부분은 포토샵 등의 그래픽 도구로 수정하거나 상세 조건 설정, 변수 설정, AI 이미지 후처리 기능 등을 이용하는 것을 추천드립니다.

'우리는 AI 시대에 살고 있다'라는 문장을 AI 관련 글에서 많이 볼 수 있는데, '우리는 AI를 사용하는 인간의 시대에 살고 있다'는 표현이 더 정확하다고 생각합니다. AI는 인류의 삶을 풍요롭게 만드는 도구일 뿐 우리가 주체라는 것과 이로운 방향으로 사용해야 한다는 점을 언제나 잊지 말아야 합니다. 저 역시 이러한 생각을 바탕으로 AI와 인간의 언어 사이에서 교두보가 되어, 앞으로도 더 나은 AI 사용법을 위해 프롬프트 연구를 계속 진행할 것입니다. 끝으로, 지금까지 이 길을 함께 걸어온 김원석 작가님과 도움을 주신 많은 분들께 감사의 인사를 전합니다.

장한결 드림

"이미지 AI 미쳤는데?"라는 말이 절로 나옵니다

미래의 크리에이터를 위한 훌륭한 길라잡이!

 인간은 도구를 만들고, 도구는 인간을 만듭니다. 바늘과 가위가 사람들을 패션 디자이너로 변화시키듯, 인공지능은 인간 전체를 크리에이터로 바꾸죠. 이 책은 여러분을 미래의 크리에이터로 탈바꿈시킬 것입니다. 발상과 아이디어가 좋다는 말은 듣지만 이야기나 손재주가 부족하다고요? 걱정하지 마세요. 인공지능과 함께라면 누구나 자신만의 작품을 창조할 수 있습니다. 이 책으로 먼저 학습하고 나서 자주 연습하고 도전한다면 충분히 성공할 수 있습니다. 이 책은 미래 크리에이터를 위한 훌륭한 길라잡이가 될 것입니다.

▶ 출판문화평론가 **장은수**

AI와 협업하는 시대에 우리에게 필요한 것은 '쓰기'와 '묘사'의 능력!

 AI에게 우리가 원하는 것을 전달하는 언어인 프롬프트. 이 프롬프트를 효과적으로 '쓰기' 위해서, 그리고 상상한 이미지를 생생하게 '묘사'하여 AI에게 전달하기 위해서, 또 우리의 생각을 올바르게 전하기 위해서는 쓰기와 묘사의 능력이 중요합니다.

이 책에는 이미지 생성 도구의 기본 사용법은 물론 어떤 인공지능에서도 사용할 수 있는 프롬프트 작성법으로 이미지를 생성할 수 있는 노하우를 담았습니다. AI와 함께 즐거운 상상을 하며 그 상상을 현실로 만들어 보고 싶은 분들께 이 책을 적극 추천합니다.

▶ AI 아티스트 **킵콴**(KEEPKWAN)

책상 옆에 두고 필요할 때마다 찾아 읽을 책!

 이 책에는 이미지 생성에 사용할 수 있는 유용한 프롬프트 예시와 키워드가 다양하게 담겨 있습니다. 그리고 그 프롬프트로 어떤 이미지가 생성되는지 친절하게 설명합니다.

원하는 이미지를 생성하고 싶은 분, 더 나은 프롬프트를 작성하고 싶어 고민하는 분, 좀 더 풍부하게 표현된 이미지를 원하는 분께 이 책을 추천합니다. 책상 옆에 두고 이미지의 수준을 높이고 싶을 때, 아이디어가 필요할 때마다 찾아 읽을 수 있는 책이 될 것입니다.

▶ 현대자동차, 데이터 엔지니어 **정준영**

완성도 높은 이미지를 좀 더 잘 생성하고 싶다면 이 책을 보세요!

 이 책은 저에게 정말 많은 가르침을 안겨 주었습니다. 지금까지 이미지를 추상적인 느낌으로만 전달했는데 이 책을 통해 단어로 만드는 노하우를 배웠습니다. 또한 이 노하우를 프롬프트에 적용해서 이미지를 생성하는 데 적극 활용하고 있습니다. 완성도 높은 이미지를 좀 더 잘 생성하고 싶은 분들께 이 책은 친절한 가이드가 되어 줄 것입니다.

▶ 《된다! 하루 만에 끝내는 챗GPT 활용법》 저자 **프롬프트 크리에이터**

이미지 제작 인공지능의 바이블! 숨겨 놓고 저만 볼래요

나에게 필요한 이미지를 빠르게 만들고 싶다면 반드시 봐야 하는 책. 이미지 인공지능의 바이블이라 할 수 있습니다. 프롬프트를 제대로 작성하는 방법을 초등학생도 이해할 수 있을 정도로 쉽게 설명해 줍니다. 마법과 같은 프롬프트를 사용하면 고품질 이미지를 자동으로 얻을 수 있고, '이미지 AI 미쳤는데?'라는 말이 절로 나올 것입니다.

➤ 스타트 코딩, 크리에이터 **권기준**

누구나 쉽고 빠르게 자신만의 창작물을 만들 수 있도록 도와주는 책

생성 AI는 프롬프트를 어떻게 작성하느냐가 굉장히 중요합니다. 그래서 시행착오를 거친 경험자의 조언과 도움이 절실하죠. 이 책은 다른 책처럼 단순히 AI 툴 사용법을 나열하지 않고 창작 과정에서 발생할 수 있는 다양한 아이디어를 현실로 구현해 볼 수 있도록 프롬프트를 안내해 주어 아주 유용했습니다. 뤼튼, 캔바, 달리와 같은 인기 있는 AI 툴을 중심으로, 독자들이 원하는 아이콘부터 제품 디자인에 이르기까지 고품질 이미지를 손쉽게 만들 수 있는 방법을 알려 줍니다. 이미지 생성 AI에 처음 입문하는 분들께 적극 추천합니다.

➤ 네이버클라우드, 딥러닝 엔지니어 **유원준**

이미지 생성 AI를 처음 접하는 분들께 현 시점 최고의 안내서!

AI가 이미지를 어떻게 생성하는지부터 시작해 다양한 이미지 생성 AI 기술을 소개하고, 실제로 원하는 결과를 얻는 방법까지 상세히 안내해 드립니다. 특히 3장 '프롬프트 작성법 제대로 배우기'에서는 사용자가 원하는 이미지를 더 정확하게 생성할 수 있도록 도와주는 프롬프트 작성법의 실용 팁을 제공합니다. AI와 이미지 생성에 대한 막연한 두려움을 극복하고, 실제로 유용하고 재미있는 결과를 얻을 수 있습니다. 이미지 생성 AI의 모든 것을 알고 싶다면 이 책을 꼭 읽으세요!

➤ 현대자동차, 책임연구원 **김준성**

생성형 AI의 원리까지 터득할 수 있게 해줘요

앞으로 일잘러의 척도는 '프롬프트'에 달려 있다고 해도 과언이 아닙니다. 프롬프트를 어떻게 잘 쓰느냐에 따라 결과가 천차만별입니다. 이 책은 프롬프트의 '프' 자도 모르는 사람에게 어디서부터 어떻게 시작해야 하는지 친절하게 알려 줍니다. 예시를 하나하나 따라해 보면서 결과를 살펴보고, 또한 프롬프트를 응용해 본다면 AI의 원리를 터득할 수 있습니다.

➤ LG 유플러스, 프로덕트 매니저 **정서현**

하루 만에 이미지 생성 AI 정복하기

구분	학습 목표	범위
1교시	이미지 생성 AI 알아보고 직접 써보기	1장
2교시	8가지 이미지 생성 AI 비교해 보기	2장
3교시	프롬프트 작성법 배우기	3장
4교시	단어 선택 및 활용 방법 배우기	3장
5교시	원하는 예제 골라서 실습해 보기	4장
선택	키워드 사전 & 아트북 활용하기	5~8장

드로잉 기법, 조명, 구도, 배경 프롬프트까지!
843가지 키워드 사전 공개!

5장 · 묘사 기법　　6장 · 화풍　　7장 · 촬영 기법　　8장 · 분위기 / 감정

첫째마당

나에게 맞는
이미지 생성 AI는?
— 8가지 AI 끝내기

둘째마당

어떤 생성 AI에서도 통하는 프롬프트 작성법

셋째마당

AI가 단숨에 이해하는
키워드 사전 & 아트북

'Do it! 스터디룸'을 소개합니다!

'Do it! 스터디룸'에서 이 책으로 공부하는 독자들을 만나 보세요. 혼자 시작해도 함께 끝낼 수 있어요. '두잇 공부단'에 참여해 책을 완독하고 인증하면 책을 선물로 받을 수 있답니다!

- Do it! 스터디룸: cafe.naver.com/doitstudyroom

이지스퍼블리싱 IT 블로그에서 정보를 얻어 가세요!

이지스퍼블리싱 블로그에서 책과 관련된 다양한 이야기를 만나 보세요! 실무에 도움되는 내용은 물론 실생활에 필요한 정보까지 모두 얻어 갈 수 있습니다.

- 블로그: blog.naver.com/easyspub_it

온라인 독자 설문 — 보내 주신 의견을 소중하게 반영하겠습니다!

QR코드를 스캔하여 이 책에 대한 의견을 보내 주세요. 더 좋은 책을 만들도록 노력하겠습니다. 의견을 남겨 주신 분께는 보답하는 마음으로 다음 6가지 혜택을 드립니다.

❶ 추첨을 통해 소정의 선물 증정
❷ 이 책의 업데이트 정보 및 개정 안내
❸ 저자가 보내는 새로운 소식
❹ 출간될 도서의 베타테스트 참여 기회
❺ 출판사 이벤트 소식
❻ 이지스 소식지 구독 기회

나에게 맞는 이미지 생성 AI는?
― 8가지 AI 끝내기

"적을 알고 나를 알면 백 번을 싸워도 위태롭지 않다!" 여러분은 이미 이미지 생성 AI를 잘 다룰 수 있는 능력을 지니고 있습니다. 첫째마당에서는 여러분에게 잠재된 글쓰기 능력을 깨워 인공지능에게 내리는 명령, 곧 프롬프트를 잘 쓰는 방법과 이미지 생성 AI로 그림을 잘 그리려면 알아야 할 기본 상식을 소개합니다.

01

이미지 생성 AI란 무엇인가요?

인공지능이라고 해서 다 같은 인공지능이 아닙니다. 챗GPT처럼 글을 써주는 인공지능, 이미지 생성 AI처럼 그림을 그려 주는 인공지능 등 세상에는 정말 다양한 인공지능이 있습니다. 여기서는 이미지 생성 AI와 챗GPT는 어떻게 다른지 알아보고, 이미지 생성 AI의 간단한 사용법을 배우면서 직접 실습해 보겠습니다.

01-1

이미지 생성 AI 알아보기

이미지 생성 AI의 화려한 등장!

이미지 생성 AI 하면 여러분은 무엇이 떠오르나요? 가장 인상적이었던 사례는 웹툰 분야에서의 활용입니다. 작가가 스케치한 그림을 인공지능이 색칠해 주기도 하고, 인물 사진을 이말년 작가의 화풍 이미지로 바꿔 주는 기술도 생겨났지요. 이 밖에 시각 디자인, 인테리어, 제품 디자인 등 특정 영역에 특화된 이미지를 만들어 주는 인공지능이 있다는 것도 알게 되었어요. 사람이 하던 많은 일을 인공지능이 대신할 수 있다는 사실에 꽤 충격을 받았습니다.

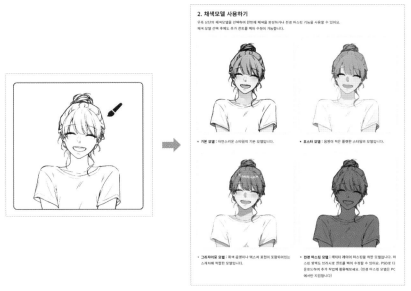

색칠을 대신 해주는 웹툰 AI 페인터(ai.webtoons.com/ko/painter/howto)

Face2Malnyun [FFHQ, Malnyun]

인물사진을 웹툰 작가인 이말년의 화풍 이미지로 바꿔 주는 FreezeG 프로젝트(github.com/bryandlee/FreezeG)

글, 이미지, 소리 ⋯ 무엇이든 이미지로 만들어요!

이미지 생성 AI는 사람의 명령에 따라 그림 또는 사진을 만들어 냅니다. 원하는 장면을 글로 묘사하면 그림을 그려 주는 텍스트 투 이미지 AI(Text to Image AI)가 대표적입니다. 그리고 스케치한 그림을 넣으면 채색해 주는 웹툰 AI 페인터와 같이 이미지를 입력받아 처리하는 이미지 투 이미지 AI(Image to Image AI)도 주목받고 있습니다. 또한 비디오를 이미지로 바꾸어 주는 비디오 투 이미지(Video to Image), 음성을 이미지로 바꾸어 주는 사운드 투 이미지(Sound to Image) 등 결과물로 이미지를 만들어 주는 인공지능까지도 모두 이미지 생성 AI라고 합니다.

이처럼 이미지 생성 AI는 여러 종류가 있는데 그중에 텍스트 투 이미지 AI를 가장 많이 사용합니다. 다른 이미지 생성 AI는 대부분 용도가 고정되어 정해진 몇 가지 작업만을 수행하므로 용도에 맞게 사용하면 완성도 높은 결과물을 만들 수 있지만, 용도에서 벗어난 이미지를 만드는 데는 한계가 있어서 활용성이 떨어집니다.

반면 텍스트 투 이미지 AI는 글로 묘사할 수만 있다면 우리가 생각하는 어떠한 것이라도 그려 낼 수 있으므로 범용할 수 있습니다.

텍스트 투 이미지 모델, 달리(DALL-E)

텍스트 투 이미지 AI의 등장으로 카메라나 미술 도구를 다루는 방법을 배우지 않아도 글쓰기만으로 일상생활에서 필요한 이미지를 얻을 수 있습니다. 사진을 잘 찍지 못하거나 그림 그리는 것을 어려워하는 일반인에게도 원하는 이미지를 쉽고 빠르게 만들 수 있는 방법이 생긴 것입니다.

01-2

챗GPT와 뭐가 다른가요?

챗GPT는 이미지를 만들 수 없어요!

우리가 입력한 질문에 사람처럼 답변해 주는 챗GPT(ChatGPT)는 텍스트 투 텍스트 AI(Text to Text AI), 즉 글을 생성하는 인공지능입니다. 챗GPT에게 그림을 그려 달라고 하면 다음과 같이 말합니다.

✦ GPT-4

털이 희고 긴 복슬복슬한 말티즈를 그려줘(한국어로 답해줘)

죄송합니다, 그림을 그려드릴 수는 없지만, 말티즈의 묘사나 그림을 그리는 팁과 가이드라인에 대해서 설명해드릴 수 있습니다.

말티즈를 그리는 팁:

1. **형태**: 말티즈는 작고 체형이 약간 둥그런 편입니다. 큰 귀와 짧은 주둥이를 가지고 있습니다.
2. **털**: 말티즈의 특징 중 하나는 긴 흰색의 복슬복슬한 털입니다. 털은 주로 몸 전체에 동일하게 길고 복슬복슬하게 그려진다.
3. **눈**: 말티즈의 눈은 크고 원형으로, 눈매가 순하고 귀엽게 그려질 수 있습니다.
4. **꼬리**: 꼬리는 풍성하게 털이 나와, 종종 몸 뒤로 휘어있습니다.
5. **발**: 말티즈의 발은 작고 원통형으로, 털로 인해 보이지 않을 수 있습니다.

이러한 특징을 기반으로 연필과 종이를 준비하고 차근차근 그려보세요. 또한 인터넷에는 말티즈 그림 그리기에 대한 튜토리얼도 많이 있으니 참고해보는 것도 좋습니다.

> 챗GPT는 그림을 그리지 못합니다. 대신 텍스트로 그리려는 대상을 자세히 설명해 줍니다.

챗GPT와 이미지 생성 AI는 글로 명령해야 한다는 점은 같지만 텍스트를 입력받아 처리하는 방식과 결과물의 형태에서 차이점이 있습니다.

챗GPT는 사람이 입력한 글의 맥락을 파악해서 답변합니다. 즉, 이전 대화 내용까지 참고해서 답변할 수 있도록 설계되었습니다. 반면 이미지 생성 AI는 입력받을 수 있는 텍스트의 양이 한정되어 있고 현재 입력된 글을 잘 파악해서 그림을 그리는 것이 목적이므로 이전 명령은 참고하지 않습니다.

이러한 차이점은 오픈AI(OpenAI)에서 만든 두 인공지능, 챗GPT와 달리(DALL-E)를 통해 확인할 수 있습니다. 챗GPT는 프롬프트를 한 번에 4,000글자를 입력받을 수 있고 책 한두 권 분량의 텍스트를 기억하며 답변하도록 설계되어 있는데 반해, 이미지 생성 AI인 달리는 프롬프트를 400자 이내로 입력할 수 있다는 점과 이전 명령이 현재 그린 그림에 영향을 미치지 않는다는 점에서 다릅니다.

구분	텍스트 생성 AI	이미지 생성 AI
입력값	글로 명령	글로 명령
산출물	글	이미지
맥락 이해	○(책 한두 권 분량)	×
한번에 입력할 수 있는 프롬프트 길이	약 4,000자	400자 이내
종류	• 챗GPT(오픈AI) • 하이퍼클로바X(네이버) • 바드(구글) • 라마(페이스북) 등	• 달리(오픈AI) • 빙 이미지 크리에이터(마이크로소프트) • 미드저니(미드저니) • 스테이블 디퓨전(스테빌리티AI) • 칼로(카카오) 등

챗GPT와 이미지 생성 AI의 비교 분석표

01-3

이미지 생성 AI 직접 써보기

여기서는 이미지 생성 AI가 생소한 입문자를 위해 뤼튼(wrtn)이라는 국내 AI 서비스 플랫폼을 활용해 보겠습니다.

▶ 이미 사용하는 이미지 생성 AI가 있다면 2장으로 바로 넘어가도 됩니다.

뤼튼은 회원 가입만 하면 인공지능의 다양한 기능을 무료로 사용할 수 있습니다. 채팅 모드에서 '(　)를 그려 줘'라고 입력하면 곧바로 그림을 그려 주죠.

하면 된다! ⟩ 뤼튼으로 이미지 만들어 보기

이제 이미지 생성 AI를 이용해 그림을 직접 그려 볼 차례입니다. 다음 순서대로 뤼튼에서 이미지를 생성해 보세요.

01. 홈페이지 접속하기

뤼튼 홈페이지(wrtn.ai)에 접속합니다. 먼저 회원 가입을 해야 사용할 수 있으므로 화면 오른쪽 위에서 [로그인]을 눌러 회원 가입을 진행하세요.

▶ 로그인 버튼이 보이지 않으면 화면을 축소하거나 프롬프트 입력 창에 글을 입력해서 로그인 창을 불러오세요.

02. 팝업 창이 나타나면 이메일 계정을 선택해   ▶ 회원 가입 방법은 따로 다루지 않습니다.
서 회원 가입 합니다.

03. 프롬프트를 입력해 그림 그리기

이제 그림을 그려 보겠습니다. 프롬프트 입력 창에 만들고 싶은 이미지를 글로 묘사한 뒤 끝에 '-그려줘'라는 말을 붙여 주세요. 그러고 나서 Enter 를 누르면 이미지 4장이 생성됩니다.   ▶ 프롬프트(prompt)란 인공지능에게 명령을 내리는 글을 말합니다.

이렇게 써보세요!

앞발로 커피 잔을 들고 커피 향을 맡는 하얀 강아지 사진을 그려줘

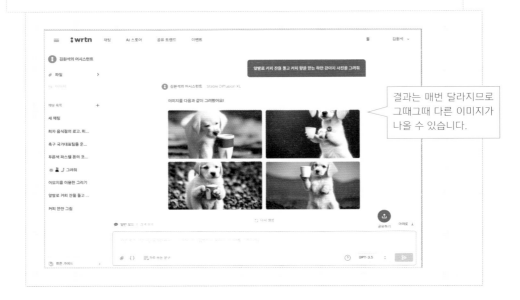

결과는 매번 달라지므로 그때그때 다른 이미지가 나올 수 있습니다.

04. 생성된 이미지에 마우스 커서를 올려놓으면 이미지 오른쪽 아래에 버튼이 3개 나타납니다. 가장 오른쪽에 있는 저장 아이콘 을 누르면 이미지를 내려받을 수 있습니다.

이미지 하나를 클릭하면 확대해서 볼 수 있습니다.

여기에도 저장 아이콘이 있습니다.

뤼튼 화면 자세히 살펴보기

뤼튼 메인 화면을 자세히 알아보겠습니다.

❶ **채팅 목록**: 화면 왼쪽에 있는 '채팅 목록'은 현재 화면에서 인공지능과 나누는 대화를 처음부터 다시 시작하고 싶을 때 사용합니다. [+] 아이콘을 누르면 '새 채팅'을 시작할 수 있는데, 특정 주제로 그림을 그려 나가다가 새로운 주제로 그리고 싶을 때 사용하면 좋습니다.

채팅 목록에 마우스 커서를 올려놓으면 버튼 2개가 나타나는데, [✎] 아이콘을 클릭하면 대화 제목을 변경할 수 있고, [🗑] 아이콘을 클릭하면 대화를 삭제할 수 있습니다.

❷ **프롬프트 입력 창**: 뤼튼에는 프롬프트에 '-그려줘'라는 말을 입력하면 4장의 이미지를 생성해 주는 기능이 있습니다. 프롬프트를 입력한 후 [▷] 아이콘을 클릭하거나 키보드에서 [Enter]를 누르면 명령이 실행됩니다.

❸ **[GPT-3.5]~[PaLM2]**: [▷] 아이콘 왼쪽에서 GPT-3.5, GPT-4 등 다양한 언어 모델을 선택할 수 있습니다. 어떤 언어 모델을 선택하더라도 '-그려줘'라고 명령할 때에는 이미지 생성 모델인 Stable Diffusion XL을 사용합니다.

01-4

이미지 생성 AI에서 알아야 할 기본 용어 4가지

프롬프트 개념 2가지

앞서 언급해 왔던 '프롬프트'의 뜻을 자세히 알아볼게요. 뒤에서 더 이상 언급되지는 않지만 '네거티브 프롬프트'의 정의까지 함께 살펴보겠습니다.

프롬프트(Prompt)

프롬프트는 인공지능에게 명령을 내리는 글을 뜻합니다. 우리가 다른 사람에게 부탁할 때 상대방이 무엇을 해주길 바라는지 구체적으로 이야기하는 것처럼, 인공지능에게 요청할 때에도 결과물로 무엇을 바라는지 구체적으로 프롬프트를 작성해 주어야 합니다.

네거티브 프롬프트(Negative Prompt)

무엇을 그릴지 서술해야 하는 프롬프트와 반대로, 네거티브 프롬프트에는 그림에 표현하지 않고 싶은 내용을 작성합니다. 방법은 간단합니다. 그림에 나오지 않아야 하는 내용을 네거티브 프롬프트 입력 창에 단어로 나열하기만 하면 됩니다.

▶ 네거티브 프롬프트 기능을 사용할 수 없는 이미지 생성 AI도 있습니다.

누락된 부분을 채우는 기법 2가지

이미지의 빈 부분을 채우는 기능에는 '인페인팅'과 '아웃페인팅'이 있습니다. 이미지의 전체적인 느낌을 AI가 인지한 후 상상해서 나머지 부분을 그려 주는 방식이지요. 두 개념을 자세히 살펴보겠습니다.

아웃페인팅(Outpainting)

아웃페인팅이란 이미지 바깥의 보이지 않는 부분을 확장해 그림을 그려 나가는 작업을 말합니다. 이미지 생성 AI 달리는 다음과 같이 보이지 않는 영역을 확장해 새로운 이미지를 완성해 줍니다.

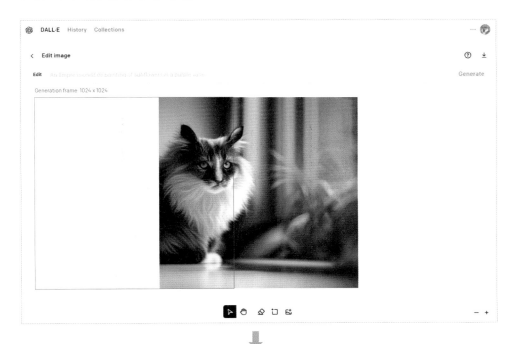

달리의 아웃페인팅 기능으로 바깥 영역 이미지를 생성한 사진

인페인팅(Inpainting)

인페인팅이란 이미지에서 손상되거나 누락된 일부분을 다시 그리는 작업을 말합니다. 이미지 생성 AI에서 제공하는 에디터로 이미지의 일부를 지우고, 그 부분을 어떻게 다시 그려 채워 넣을지 명령을 내리는 방식으로 인페인팅 작업을 할 수 있습니다.

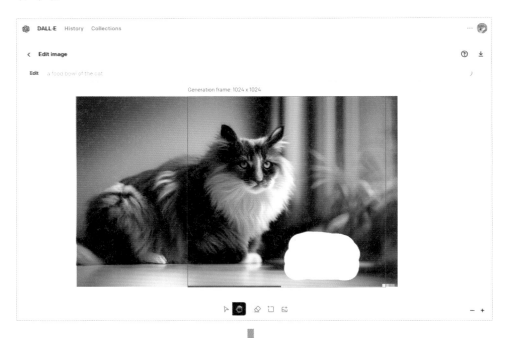

달리의 인페인팅 기능으로 사료 그릇 이미지를 생성한 사진

02

대표적인 이미지 생성 AI
8가지 빠르게 배우기

이미지 생성 AI가 무엇인지 조금씩 감이 잡혀 갑니다. 마치 인공지능계의
화가를 알게 된 것 같네요. 이번 장에서는 어떤 인공지능 화가들이 있는지
알아볼 차례입니다. 화가마다 독특한 화풍이 있는 것처럼 인공지능 화가
들도 각각 고유한 장점과 특징이 있습니다. 한번 알아볼까요?

02-1

8가지 이미지 생성 AI를 소개합니다!

상황에 따라 어떤 AI를 선택하는 게 헷갈릴 정도로 최근 다양한 생성 AI 모델이 등장했습니다. 특정 AI 모델을 익숙하게 사용하려면 따로 공부해야 할 정도입니다. 이미지 생성 AI의 종류는 다양한데 그림을 그려 내는 능력과 비용에 차이가 있습니다. 따라서 사용 목적에 따라 적합한 AI를 선택해야 비용과 시간을 아낄 수 있습니다.

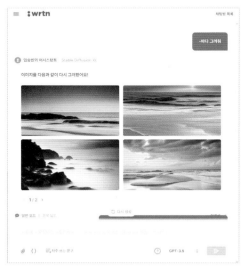

간편한 사용 방법이 장점인 뤼튼

고품질 이미지 생성으로 가장 유명한 미드저니

초보자에게 추천하는 이미지 생성 AI

이미지 생성 AI를 처음 써보거나 평소 인터넷에서 이미지를 찾아 쓰고 있다면 뤼튼, 빙 이미지 크리에이터, 캔바, 달리 이렇게 4가지를 추천합니다. 그중에서도 먼저 무료 서비스를 이용해 보면서 감을 익히는 것을 권장하는데, 아무리 좋은 기능을 갖춘 AI라도 프롬프트를 정확히 작성해 주지 않으면 여러분의 생각과 전혀 다른 이미지만 나올 수 있기 때문입니다. 무료 서비스도 유료 서비스만큼 충분히 좋은 그림을 그릴 수 있습니다. 이렇게 하고도 결과물이 만족스럽지 않다면 그때 유료 서비스를 이용해도 늦지 않습니다.

종류	비용	특징
뤼튼 **wrtn**	무료	• 이미지 생성과 저장이 간편합니다.
빙 이미지 크리에이터 Microsoft Bing Image Creator	무료	• 달리로 이미지를 생성합니다. • 인페인팅, 아웃페인팅 기능이 없습니다. • 부스트(크레딧)를 소진하면 속도가 느려집니다. • 마이크로소프트 서비스를 이용하면 부스트를 충전할 수 있습니다. • 한글을 이해해서 그림을 그려 줍니다.
캔바 Canva	유료	• 생성된 이미지에 바로 디자인 작업을 할 수 있습니다.
달리	유료	• 크레딧을 충전해야 사용할 수 있습니다. • 인페인팅, 아웃페인팅 기능이 있습니다. • 최근 공개된 달리3는 프롬프트를 가장 잘 반영한 이미지를 생성합니다(그림에 텍스트도 잘 그려 줍니다). • 현재 빙 이미지 크리에이터에서 달리3를 사용해 이미지 생성을 서비스하고 있고, 곧 챗GPT에서도 달리3을 사용할 수 있습니다. • 이 책은 달리2 버전을 기준으로 설명합니다.

중급자에게 추천하는 이미지 생성 AI

노벨 AI, 미드저니, 스테이블 디퓨전 등의 AI 서비스는 이미지의 품질, 크기, 일관성 있는 결과 등 다양한 세부 요소를 조정할 수 있습니다. 그러나 원하는 이미지를 구체적으로 설명하지 못한다면 지불한 비용에 걸맞은 결과를 얻을 수 없습니다. 그렇기에 이 책에서 설명하는 프롬프트 글쓰기에 익숙해진 후 사용하는 것이 좋습니다.

다음 소개하는 이미지 생성 AI 4가지는 한글을 잘 이해하지 못하므로 영어를 사용하는 것을 추천합니다.

종류	비용	특징
프롬 AI	무료/유료	• '텍스트 투 이미지'뿐 아니라 '이미지 투 이미지'도 가능합니다. • 스케치를 그림으로 그리거나 사진을 스케치로 바꾸는 등 다양한 기능을 제공합니다. • 달리의 인페인팅, 아웃페인팅 기능을 다룰 수 있습니다. • 인테리어, 건축, 온라인 쇼핑몰용 이미지 제작에도 유용합니다.
노벨 AI	유료	• 간단히 스케치한 후 프롬프트를 입력해 그림을 그리는 방식으로 사용할 수 있습니다. • 스토리텔링 기능이 있어서 만화 캐릭터를 그리기에 유용합니다. • 월 구독 서비스로, 구독 비용에 따라 크레딧(Anlas)을 충전할 수 있습니다.
미드저니	유료	• 디스코드 메신저를 통해 사용할 수 있습니다. • 파라미터(parameter)를 사용하여 이미지 비율, 품질, 시작점 등을 설정할 수 있습니다. • 작업한 결과물이 채팅방에 자동으로 공개됩니다. • 인페이팅, 아웃페이팅 기능을 사용할 수 있습니다. • 월 구독 서비스로, 베이직, 스탠더드, 프로 중에서 선택할 수 있습니다.
스테이블 디퓨전 **Stable** Diffusion	무료	• 오픈 소스로, AI 자체를 내려받아 사용합니다. • 컴퓨터에 직접 설치해서 사용하므로 좋은 그래픽 카드일수록 이미지가 빠르게 생성됩니다. • 체크포인트, 로라, 임베딩 등 개인 커스텀 기능이 있습니다.

02-2

글과 그림 모두 만든다
ㅡ 뤼튼

뤼튼은 우리나라를 대표하는 인공지능 기업인 뤼튼테크놀
로지에서 서비스하는 AI 플랫폼입니다. 자체 개발한 AI를
비롯하여 오픈AI의 GPT-3.5, GPT-4, 네이버의 하이퍼클로바, 스태빌리티 AI의
스테이블 디퓨전 등 타사의 인공지능 모델도 서비스하고 있습니다.

뤼튼에서는 사용자가 채팅, 툴, 플러그인 등 다양한 형태로 인공지능을 쉽게 사용
할 수 있게 해줍니다. 뤼튼의 AI 서비스를 사용하면 마케팅, 쇼핑몰, 자기소개서 등
에 필요한 글을 손쉽게 작성할 수도 있고 스테이블 디퓨전을 사용해 이미지를 빠르
게 만들 수도 있습니다.

뤼튼의 [툴 → SNS 광고문구] 텍스트 생성 예시

채팅 모드에서 이미지 생성 기능을 사용하면 스테이블 디퓨전 XL 모델이 이미지를 생성해 줍니다. 우리는 단지 입력 창에 그림을 묘사하는 글과 함께 '-그려줘'라고 입력하면 간편하게 그림을 생성할 수 있는 것이죠.

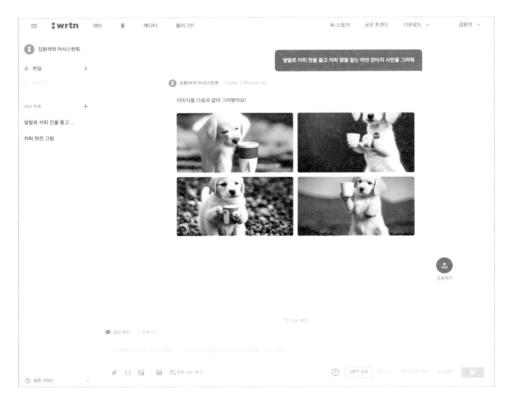

뤼튼은 01-3절에서 다뤄 보았고 이후 실습에서도 다룰 예정이므로 이번 절에서는 실습을 따로 진행하지 않겠습니다.

02-3

이미지 생성과 편집을 한 번에
— 캔바

캔바(Canva)는 저작권 없이 디자인을 무료로 제작할 수 있는 플랫폼입니다. 플랫폼에서 무료로 제공하는 에디터와 이미지를 이용해 시각 디자인 자료를 만들 수 있습니다. 사용 방법이 간편하면서도 퀄리티 높은 디자인을 만들 수 있는 초보자용 포토샵이라고 할 수 있어요.

캔바(canva.com)에서 제공하는 다양한 시각 디자인 제작 서비스

로그인해야 이 화면이 보입니다.

캔바에서 제공하는 '이미지 생성 AI' 서비스를 사용하면 생성된 이미지에 글자나 그림 등 시각 요소를 곧바로 추가해 편집할 수 있어서 일러스트, 포스터, 홍보물 등을 간편하게 만들 수 있습니다.

하면 된다! 〉 캔바에서 이미지 생성 AI 서비스 이용하기

앞서 소개한 것처럼 캔바는 디자인 프로젝트 단위로 이미지를 제작할 수 있는 플랫폼입니다. 그래서 프로젝트에 기능(앱)을 따로 추가해야 이미지 생성 AI를 이용할 수 있습니다. ▶ 캔바 가입 방법은 따로 다루지 않습니다.

디자인 프로젝트를 생성한 후 [앱] 메뉴에서 [Magic Media]를 선택해 추가하면 [Magic Media] 메뉴가 생성됩니다. 상단의 프롬프트 창에 원하는 이미지를 소개하는 설명을 추가하면 캔바가 이미지를 만들어 줍니다.

01. 캔바에 로그인하면 나타나는 메뉴에서 [앱]을 선택합니다.

02. 화면 중간의 '앱 검색' 입력 창에 Magic Media를 검색하고 [Magic Media] 앱을 클릭합니다.

03. 다음에 나타나는 팝업 창에서 두 버튼 중 하나를 선택하면 'Magic Media' 기능이 프로젝트에 추가됩니다.

이전에 캔바에서 만든 디자인에서 텍스트 투 이미지 기능을 추가해 사용할 수 있습니다.

캔바를 처음 사용해서 아무런 디자인도 만든 적이 없다면 선택하세요. 디자인 프로젝트를 새로 만들고 나서 텍스트 투 이미지 기능을 사용할 수 있습니다.

04. 이번 실습은 캔바에 처음 접속했다고 가정하고 진행하겠습니다. [새 디자인에서 사용]을 클릭하고 [맞춤형 크기]를 선택합니다. 이어서 가로 500, 세로 500을 입력하고 [새로운 디자인 만들기]를 클릭합니다.

이렇게 'Magic Media' 앱을 한번 실행해 두면 이후에도 새로운 프로젝트를 만들 때 캔바의 왼쪽 메뉴 아래에 [Magic Media] 아이콘이 나타납니다.

하면 된다! ⟩ 캔바로 원하는 이미지 만들기

앞서 [Magic Media] 기능을 메뉴에 추가했으니 이제 실행해 보겠습니다.

▶ 앞의 실습에 이어서 진행한다면 01. 단계는 건너뛰어도 됩니다.

01. 프로젝트 만들기

캔바에 로그인한 후 화면 오른쪽 위에 있는 [디자인 만들기]를 누르면 다양한 캔버스 목록이 나타납니다. 디자인 작업을 할 캔버스 크기를 선택하세요.

02. 'Magic Media' 기능 사용하기

메뉴 가장 아래쪽에 있는 [Magic Media] 아이콘을 클릭하세요.

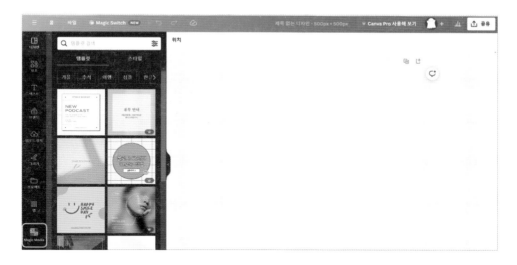

03. 프롬프트 입력 부분에 프롬프트를 입력하고 [이미지 만들기]를 누르면 이미지를 생성할 수 있습니다.

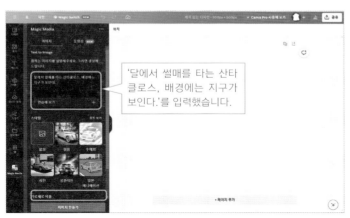

'달에서 썰매를 타는 산타클로스, 배경에는 지구가 보인다.'를 입력했습니다.

프롬프트를 입력하고 이미지를 생성하는 과정

원하는 이미지 스타일을 찾는 데 유용한 기능으로, 생략해도 됩니다.

스타일 [모두 보기]를 눌렀을 때 나오는 화면

04. 프롬프트를 입력하고 그림을 생성했을 때 나타나는 화면입니다. 이미지가 총 4장 생성되고, 이미지를 클릭하면 오른쪽 캔버스에 바로 가져다 쓸 수 있습니다. 만약 생성된 이미지가 마음에 들지 않는다면 [다시 만들기]를 클릭해 다시 생성할 수 있습니다.

프롬프트를 새로 쓰고 싶으면 [돌아가기]를 눌러 처음부터 다시 시작하세요.

05. 다른 이미지도 만들어 보세요!

메뉴에 있는 [텍스트] 기능을 사용해 '산타가 간다 / 착한 어린이 기다려라' 문구를 추가했습니다.

캔바의 [Magic Media] 서비스를 사용해 제작한 시각 디자인

02-4

부분 편집과 이미지 확장까지
─ 달리

달리(DALL-E)는 미국의 인공지능 연구소 오픈AI에서 만든 이미지 생성 AI입니다. 단순히 이미지를 생성하는 기능 외에도 이미지의 특정 영역을 지운 빈 공간에 그림을 채워 넣는 인페인팅 기능, 이미지를 확장해서 원본 이미지 바깥 공간에 그림을 새롭게 그려 내는 아웃페인팅 기능을 제공한다는 장점 덕분에 크게 인기를 얻고 있습니다.

2023년 10월에 공개된 달리3(DALL-E3)는 다른 이미지 생성 AI보다 사용자의 프롬프트를 더욱 잘 반영해 줍니다. 특히 기존의 이미지 생성 AI는 이미지에 글자를 넣어 달라고 하면 엉뚱한 문자를 그려 냈는데, 달리3는 사용자가 요구하는 문장을 완벽하게 그림에 반영할 정도로 프롬프트를 이미지로 잘 구현해 줍니다.

현재 빙 이미지 크리에이터에서 달리3를 무료로 서비스하고 있고, 챗GPT도 유료 구독을 하면 GPT-4 채팅 창에서 달리3를 베타 버전으로 사용해 볼 수 있습니다.

빙 이미지 크리에이터에서 달리3를 이용해 생성한 이미지

이미지 속 글자 표현도 가능해요!

하면 된다! ⟩ 인페인팅 기능으로 배경 바꾸기

달리 홈페이지(labs.openai.com)에 접속한 후 인페인팅 기능을 이용해 사진 배경을 편집해 보겠습니다.

▶ 달리는 유료 서비스입니다. 구독 결제를 해서 크레딧을 얻은 후 사용하세요.

01. 달리에 로그인하면 나타나는 화면에서 [upload an image]를 클릭합니다. 이미지를 업로드할 수 있는 파일 선택 창이 나타나면 편집할 사진을 선택해 주세요.

02. 이미지 자르기

불러온 이미지를 1:1 비율에 맞게 조절하고 [Crop]을 누르세요. 다음 화면에서 [Edit image]와 [Generate variation] 중 하나를 선택할 수 있는데, 여기서는 [Edit image]를 선택하겠습니다.

03. 배경을 공룡이 있는 쥐라기 공원으로 바꿔 볼게요. 먼저 지우개 아이콘 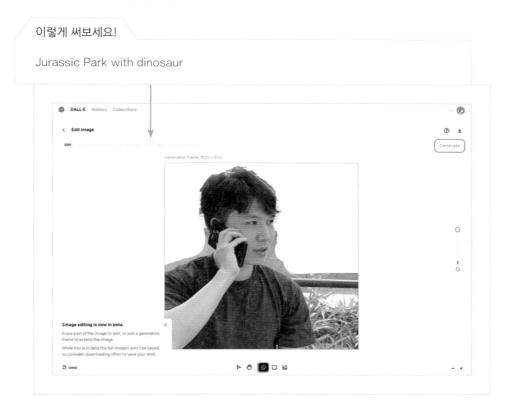 을 클릭하고 인물 뒤 배경을 지웁니다. 그런 다음 프롬프트 입력 창에 다음 내용을 입력하고 [Generate]를 클릭합니다.

> **이렇게 써보세요!**
>
> Jurassic Park with dinosaur

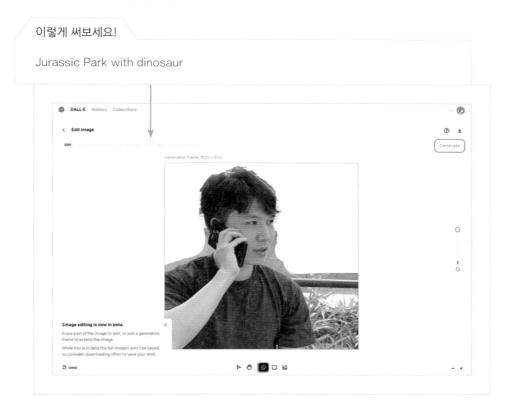

04. 원본을 포함해 5개의 이미지가 생성됩니다. 마음에 드는 이미지를 클릭하면 저장할 수 있습니다.

하면 된다! ⟩ 아웃페인팅 기능으로 배경 확장하기

이번에는 앞에서 인페인팅 기능으로 만든 이미지를 활용해 주변 영역을 확장하는 아웃페인팅 기능을 다뤄 보겠습니다.

01. 인페인팅 기능으로 만든 이미지를 업로드합니다.
02. 영역 아이콘 ▶ 을 누르면 선이 파란색인 사각형이 나타나는데, 이 사각형의 크기를 조절해 이미지를 얼마나 넓힐지 범위를 정합니다.

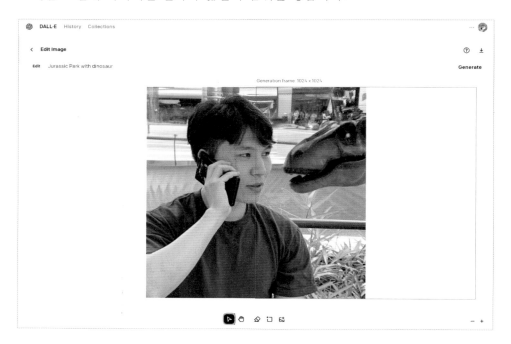

03. 프롬프트 작성하기
확장된 영역에 그려 넣을 이미지를 프롬프트로 작성합니다.

neck, body, arm of the dinosaur, hyper detailed

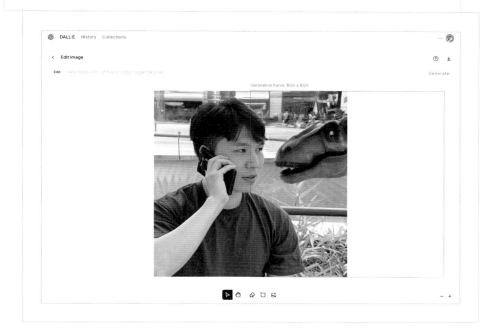

04. 생성된 영역 하단에 이미지 4개 중 하나를 고를 수 있는 버튼이 나타납니다. 화살표를 클릭해 마음에 드는 이미지가 나오면 [Accept]를 눌러 편집본을 확정합니다.

화살표를 클릭해
이미지를 넘겨 보세요!

02-5

무료로 만드는 이미지
— 빙 이미지 크리에이터

빙 이미지 크리에이터(Bing Image Creator)는 마이크로소프트에서  제공하는 완전히 무료로 사용할 수 있는 이미지 생성 AI 서비스 입니다. 부스트(크레딧)는 매일 100개씩 제공됩니다. 단, 부스트를 모두 소진하면 이 미지 생성 속도가 느려집니다. 빙 이미지 크리에이터는 달리(DALL-E3)를 사용해서 이미지를 만드는데, 빙 이미지 크리에이터를 사용해서 이미지를 만들면 프롬프트 에 한글로 입력해도 이미지에 내용이 잘 반영된다는 장점이 있습니다.

하면 된다! ⎬ 빙 이미지 크리에이터에서 이미지 생성해 보기

01. 빙 이미지 크리에이터(bing.com/create)에 접속해 마이크로소프트 계정으로 로 그인합니다.

02. 프롬프트 입력 창에 만들고 싶은 이미지의 프롬프트를 작성하고 생성해 보세요.

이렇게 써보세요!

시골길에서 트랙터를 타고 질주하는 한복을 입은 호랑이

시골길에서 트랙터를 타고
질주하는 한복을 입은 호랑이

이미지 4개가 생성됩니다. 원하는 이미지를 클릭하면 공유하거나 저장할 수 있습니다.

02-6

스케치를 실사처럼!
이미지 변형의 모든 것 — 프롬 AI

프롬 AI(PromeAI)는 '텍스트 투 이미지'보다 '이미지 투 이미지' 기능
이 강력해서 디자인 작업을 할 때 유용한 서비스입니다. 무료로 사용
할 수 있지만 속도가 느리다는 단점이 있으며, 결제해서 사용하면 빠
른 속도로 이용할 수 있습니다.

프롬 AI는 생각한 것을 스케치로 그려 내고 특정 분위기나 색채를 넣어 이미지를
만들어 주는 '스케치 렌더링(Sketch Rendering)' 기능과 반대로 사진을 스케치로 바꾸
어 주는 '포토 투 스케치(Photo To Sketch)' 기능 등 다양한 이미지 생성 기능을 제공
합니다.

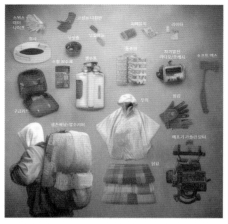
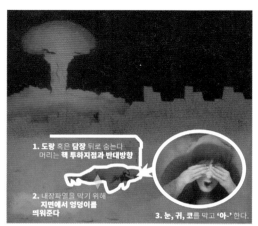

프롬 AI로 그린 소설책 삽화

'스케치 렌더링' 기능으로 그림에 채색한 결과(가운데), 사진으로 바꾼 결과(오른쪽)

'포토 투 스케치' 기능으로 사진을 스케치로 바꾼 결과

이 외에도 다른 이미지 생성 AI에서 제공하는 기능이 모두 모여 있어서 인테리어, 건축, 온라인 쇼핑몰, 게임과 같은 전문 분야의 이미지를 손쉽게 그려 낼 수 있습니다.

'지우고 대체하기' 기능으로 인물의 얼굴을 고릴라의 얼굴로 합성한 사진

'AI 슈퍼모델' 기능으로 마네킹에 인물을 합성한 사진

'백그라운드 디퓨전' 기능으로 기존 배경을 제거하고 따뜻한 별장 실내 이미지를 배경으로 합성한 결과

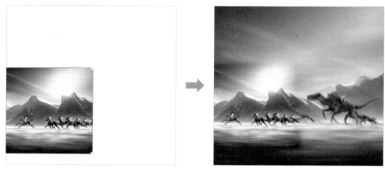
'아웃페인팅' 기능으로 주변 배경을 생성한 사진

'크리에이티브 퓨전' 기능으로 두 그림을 섞어 표현한 사진

이미지로 표현하지 못 한 다양한 기능들도 소개합니다.

- AI image generation: 프롬프트로 이미지를 생성하는 기능입니다.
- AI visual chatbot: 인공지능과 대화하며 이미지를 수정하는 기능입니다.
- Relight: 사진에 조명(광원의 개수, 빛의 밝기, 방향 등)을 더하는 기능입니다.

02-7

만화가를 위한 스토리 작업 AI
ㅡ 노벨 AI

노벨 AI(NovelAI)는 인공지능과 함께 스토리 작업을 할 수 있는 서비스입니다. 노벨 AI에 특정 스토리를 입력하면 그 내용을 바탕으로 다음 내용을 만들어 줍니다. 이야기 줄거리를 만들어 내는 것도 신기한데, 노벨 AI는 '이미지 제너레이터'라는 서비스로 만화 캐릭터까지 그려 줍니다.

노벨 AI는 밑그림에 프롬프트의 내용을 바탕으로 캐릭터를 그려 완성해 줍니다.

사용자가 그린 밑그림　　　　　노벨 AI가 완성한 캐릭터

02-8

화가도 부러워 하는 고품질 이미지
— 미드저니

미드저니(Midjourney)는 디스코드(Discord)라는 메신저 앱에서 사용할
수 있는 독특하고 섬세한 이미지 생성 AI 서비스입니다. 유료로 구독
해야 사용할 수 있지만, 이미지의 크기, 화질, 화풍 등 다양한 요소를
직접 조절할 수 있다는 강점이 있습니다. 미드저니는 프롬프트를 다른 이미지 생성
AI보다 훨씬 더 잘 이해하므로 글쓰기 실력이 더욱 중요하게 작용하는 서비스입니다.
채팅 창에 /imagine [프롬프트] 형식을 입력하면 이미지를 생성할 수 있습니다.

이미지 아래에 있는 버튼 8개 중 하나를 선택해
이미지를 확장하거나 변형할 수 있습니다.

02-9

커스텀 끝판왕
― 스테이블 디퓨전

스태빌리티 AI(StabilityAI)에서 개발한 이미 **Stable Diffusion**
지 생성 AI인 스테이블 디퓨전은 개인 커스
텀이 자유롭다는 장점이 있습니다. 오픈 소스로 공개되어 있어서 사용자가 인공지
능 모델을 자유롭게 학습시킬 수도 있고, 인공지능 프로그램의 소스 코드를 직접
수정할 수도 있거든요.

02-7절에서 소개한 노벨 AI가 애니메이션에 특화된 이미지 생성 AI를 만들기 위
해 스테이블 디퓨전을 사용한 것으로 알려져 있고, 이 책에서 추천하는 뤼튼도 스
테이블 디퓨전을 가져다 일반 대중에게 서비스를 제공합니다.

일반 사용자도 취향에 맞는 그림을 뽑아 내려고 자신의 컴퓨터에 스테이블 디퓨전
을 직접 설치하고, 체크포인트(checkpoint), 로라(LoRA), 임베딩(embedding), 하이퍼
네트워크(hyper network)와 같은 강력한 커스텀 기능을 사용하여 인공지능을 학습시
킵니다. 이렇게 학습한 이미지 생성 AI는 이미지를 일관성 있게 뽑아낼 수 있게 되
고, 가상 인간, 버추얼 인플루언서 등을 만드는 데에도 사용할 수 있습니다.

▶ 인공지능을 학습시키거나 이미지를 생성할 때 컴퓨터는 엄청나게 많은 계산을 해야 하기 때문에 품질이 뛰어난
그래픽 카드가 필요합니다. 그래픽 카드가 좋을수록 이미지 생성 시간을 줄일 수 있고 결과물의 퀄리티도 높아집
니다.

스테이블 디퓨전 온라인(stablediffusionweb.com/#demo)을 이용하면 스테이블 디퓨전을 컴퓨터에 설치하지 않아도 사용할 수 있습니다.

프롬프트 입력 창의 오른쪽에 있는 스타일(Styles)을 이용해 화풍을 선택할 수 있습니다. 또한 프롬프트 입력 창 아래에서 [Advanced Options]를 클릭하면 네거티브 프롬프트도 입력할 수 있고, 그림의 크기와 프롬프트 반영도 등을 설정할 수 있습니다.

곰인형이 경복궁 앞에 서 있는 이미지를 만들려면 다음과 같이 프롬프트를 작성하면 됩니다. 앞서 살펴본 [Advanced Options]에서 이미지의 크기, 품질 등 옵션 값을 자유롭게 설정해 이미지를 완성해 보세요.

이렇게 써보세요!

A teddy bear standing in front of the Gyeongbokgung

둘째마당

어떤 생성 AI에서도 통하는
프롬프트 작성법

이미지 생성 AI에서 프롬프트의 본질은 '텍스트 투(Text to)'에 있습니다. 그래서 텍스트 투 이미지 AI가 진화를 거듭해도 텍스트를 다루는 능력, 즉 글쓰기 기술은 생성 AI를 다루는 데 있어 언제나 중요하게 다룰 수밖에 없습니다. 이번에는 프롬프트를 제대로 작성하는 방법을 자세히 소개합니다. 프롬프트 작성법을 제대로 알면 시행착오를 크게 줄이고 원하는 이미지가 나올 확률을 높일 수 있습니다. 어쩌면 생성 AI의 도움을 받아 자신이 상상했던 결과물 그 이상의 이미지를 얻을 수도 있습니다.

프롬프트 작성의 핵심은
'글쓰기'

이번 장은 '원하는 이미지를 높은 확률로 빠르게 만들 수 있는 방법이 있을까?' 라는 고민으로부터 출발했습니다. 흔히 글쓰기에는 정답이 없다고 이야기합니다. 하지만 인간은 수천 년 동안 글쓰기를 해왔고 다양한 분야에서 가장 적합한 표현을 골라 쓰려고 노력해 왔습니다. 그리고 오늘날 이진법으로 이뤄진 AI가 '글로 작동한다'는 사실을 통해 글쓰기의 중요성을 체감하고 있습니다. 효과적인 프롬프트의 완성은 글쓰기에 답이 있다고 확신하고 이미지 생성 AI에 어울리는 프롬프트 작성법을 찾아냈습니다. 이번 장에서 그 이야기를 자세하게 풀어 보려 합니다.

03-1

좋은 프롬프트란 무엇인가?

프롬프트는 이미지 생성 AI에서 인공지능 모델이 이미지를 생성하기 위해 필요한 정보를 담은 명령어입니다. 프롬프트를 잘 작성해야 원하는 이미지를 쉽게 생성할 수 있습니다. 결국 핵심은 '글쓰기'입니다.

좋은 프롬프트의 3가지 조건

좋은 프롬프트의 3가지 조건과 그에 맞는 프롬프트 작성 방법을 각각 소개합니다. 이 책에서 제시하는 방법을 사용하지 않더라도 다음 3가지 조건을 프롬프트의 판단 기준으로 삼기를 바랍니다.

1. 내 생각과 오차가 적은 프롬프트

좋은 프롬프트는 자신의 생각과 의도를 가장 잘 반영하여 결과물을 만들어 주는 프롬프트입니다.

2. 품질 좋은 결과물이 나오는 프롬프트

그림을 잘 그리지 못하거나 사진을 잘 찍지 못해도 인공지능을 활용하면 전문가가 만들어 낸 듯한 이미지를 얻을 수 있습니다. 이때 프롬프트 글쓰기에 미숙하다면 결과물이 때로는 어린아이가 그린 그림처럼 나오기도 하고, 운 좋게 미술 전문가가 만든 이미지처럼 나오기도 합니다. 하지만 프롬프트 글쓰기를 잘한다면 전문가가 만들어 낸 듯한 이미지를 높은 확률로 얻어 낼 수 있습니다.

3. 단어 수를 적게 사용한 프롬프트

비슷한 수준의 결과물을 낼 수 있다면 단어를 더 적게 사용해 작성하는 것이 좋습니다. AI가 처리할 수 있는 글자 수가 한정되어 있기도 하고, 글자 수에 따라 비용을 청구하는 서비스도 있기 때문입니다.

생성 AI 모델마다 입력하는 명령이 달라요

생성 AI마다 학습한 데이터의 양과 종류가 다르므로 프롬프트 값을 반영하는 정도에도 차이가 있습니다. 그래서 원하는 내용을 100% 반영한 이미지를 한 번에 만들기란 쉽지 않습니다. 프롬프트를 작성하여 인공지능 모델마다 대입해 보고 생성하는 이미지의 특징을 직접 확인하는 작업이 필요합니다.

하면 된다! ﹜ 생성 AI 모델별 체크리스트 작성하기

생성 AI의 특징을 한눈에 비교할 수 있도록 체크리스트를 만들고 기록해 놓는 것이 좋습니다.

	뤼튼	빙 이미지 크리에이터	캔바
한국어를 잘 알아듣는가?			
글자 수에 제한이 있는가?			
사용을 제한하는 단어들이 있는가?			
기본 스타일의 평균값은? (사진, 애니메이션, 3D 아트 등)			
인물의 평균값은?			
같이 생성되는 사진 4장을 비교했을 때 차이가 큰가?			

이전에 AI가 알아듣지 못하던 프롬프트를 업데이트를 통해 알아듣게 될 수도 있으니 자주 체크리스트를 검토하며 최신 자료를 만들어 두는 것도 중요합니다.

앞서 작성한 체크리스트처럼 AI 모델마다 생성해 주는 스타일이 다르므로 먼저 여러분이 원하는 그림을 가장 잘 만들어 줄 수 있는 AI 모델을 찾아야 합니다. 이 과정에서 여러 AI 모델을 사용해 다양한 유형의 글을 작성해 보는 것이 좋습니다. 이제부터는 프롬프트 작성 실력을 계속해서 발전시켜 나가세요.

여러 AI 모델의 차이점과 공통점을 찾는 것도 중요한데요. AI 모델을 사용할 때에는 공통으로 잘 반영되었던 프롬프트를 우선적으로 시험해 보면 시간을 절약할 수 있습니다. 이러한 점을 고려해 프롬프트를 작성하다 보면 최대한 많은 모델을 효율적으로 사용할 수 있을 것입니다.

참고로 스스로 어떤 종류의 글을 잘 쓰는지 안다면 더욱 좋습니다. 이미 여러분의 프롬프트를 잘 반영할 수 있는 분야별 AI 모델들이 발전을 거듭하며 생겨나고 있으니까요.

입문자도 프롬프트를 효과적으로 작성할 수 있는 5가지 방법

그렇다면 어떻게 해야 프롬프트를 효과적으로 작성할 수 있을까요? 먼저 실제로 적용할 수 있는 프롬프트 작성법을 익혀야겠죠? 처음에는 익숙하지 않으니 외부 정보를 활용하는 것이 좋아요. 입문자도 프롬프트를 효과적으로 작성할 수 있는 방법 5가지를 소개합니다.

방법 1. 프롬프트 북 살펴보기

AI 모델은 출시할 때 설명서에 해당하는 '프롬프트 북'을 만들어 함께 제공합니다. 프롬프트 북에는 기본적인 작성법부터 다양한 글 재료와 해당 AI 모델의 특징까지 상세히 적혀 있으니 참고하세요.

달리의 프롬프트 북(pitch.com/v/DALL-E-prompt-book-v1-tmd33y)

방법 2. SNS 활용하기

최근에 나오는 AI 모델은 '프롬프트 북'을 홍보할 뿐만 아니라 사이트 전면에 해당 AI 모델로 생성한 작품을 공개하고, 마음에 드는 작품을 누르면 작가의 개인 SNS 계정과 함께 상세한 프롬프트를 소개하는 방식으로 마케팅하고 있습니다. 트위터, 인스타그램, 페이스북 등 AI 모델의 브랜드 계정을 팔로우하고 업데이트된 소식을 빠르게 받아 시험해 보세요.

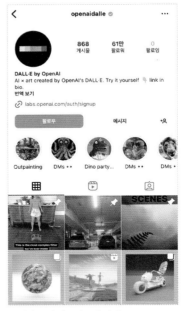

달리의 공식 인스타그램 계정
(instagram.com/openaidalle)

- **뤼튼**: instagram.com/wrtn.ai
- **캔바**: instagram.com/canva
- **미드저니**: midjourney.com/showcase/recent
             twitter.com/midjourney
- **스테이블 디퓨전**: twitter.com/StableDiffusion

방법 3. 커뮤니티에서 소통하기

다양한 AI 모델이 나오면서 많은 사람들이 자신만의 프롬프트 작성법을 공유하고 있습니다. 오픈 채팅방, 프롬프트 엔지니어 카페 등 커뮤니티에 가입해 보세요. 프롬프트 전문가들과 실시간으로 대화하며 궁금증을 해소할 수도 있습니다. 그 밖에도 다양한 분야의 사람들이 모이므로 각양각색의 AI 모델 관련 실험을 볼 수 있고 직접 시간을 들여 공부하지 않아도 많은 정보를 얻을 수 있습니다.

프롬프트 엔지니어 네이버 카페(cafe.naver.com/managesite)

방법 4. 프롬프트 마켓 방문하기

프롬프트를 사고파는 마켓이 있습니다. 프롬프트 마켓을 방문하여 어떤 AI 모델을 사용했고 어떤 프롬프트 글쓰기를 하는지 중점적으로 살펴보세요. 예를 들어 '으스스한 분위기'를 나타내고 싶다면 그와 유사한 표현이 들어 있는 프롬프트를 찾아서 사용한 단어들을 수집해 보세요. 사용한 모델이 무엇인지 적어 놓는 식으로 프롬프트 글쓰기 작성법을 공부해도 좋습니다.

우리나라 최초의 프롬프트 마켓인 프롬프트 타운(prompt.town)

방법 5. 유튜브로 공부하기

AI 모델의 기본 정보를 빠르게 습득하고 싶다면 유튜브 영상을 찾아보는 것도 좋은 방법입니다. 유튜브에는 순차적인 실행법부터 다양한 기능을 간단하지만 핵심만 뽑아 설명한 콘텐츠도 있고, 해당 모델에 관한 전문가들의 분석 영상도 있기 때문에 초보자부터 전문가까지 모두 참고하기 좋습니다.

프롬프트를 위한 글쓰기 양식, 단계별 글쓰기

프롬프트를 잘 쓰려면 '글쓰기'를 알아야 합니다!

생성 AI 초창기에 텍스트 투 이미지(Text to Image) 사용법의 정보가 부족했을 때 공식 사이트에서 공개한 프롬프트 가이드북을 열어 본 사용자들은 깜짝 놀랐습니다. 프롬프트 가이드북의 내용이 거의 글쓰기 책에 가까울 정도였기 때문이죠. AI에 관련된 지식보다 오히려 문장 구조, 문장 배열, 단어 선택 등을 강조했습니다. 한마디로 사용자의 글쓰기 능력이 결과물의 성패를 가른다는 말입니다.

스테이블 디퓨전의 공식 가이드북

따라서 프롬프트를 잘 쓰려면 글쓰기 방식을 함께 고민해야 합니다. 단, 그 내용은 AI가 받아들일 수 있는 글쓰기여야 한다는 것을 잊지 마세요.

프롬프트 글쓰기를 잘하고 싶은 여러분을 위해 **단계별 글쓰기**를 소개합니다. 단계별 글쓰기의 목적은 **AI가 알아들을 수 있으면서 사용자도 쓰기 쉬운 프롬프트 형식**을 만드는 것입니다. "아이디어는 많이 떠오르는데 글을 잘 못 쓰겠어", "머릿속에 그림은 그려지는데 어디서부터 써야 할지 모르겠어" 등 그동안 고민해 온 여러분도 이제 상상 속 그림을 현실로 만들 수 있습니다.

단계별 글쓰기는 목표와 과정이 뚜렷해야 합니다.

1단계	**주제 설정하기**: 마인드맵처럼 큰 주제를 찾습니다.

⬇

2단계	**키워드 찾기**: 주제와 관련된 키워드를 여러 개 만듭니다.

⬇

3단계	**쪼개고 구체화하기**: 키워드를 분리하고, 완성된 프롬프트를 위한 자신만의 분류 기준을 설정한 후 키워드를 문구나 문장의 형태로 풀어냅니다.

⬇

4단계	**이어 붙이기**: 구체화된 키워드 여러 개를 연결해서 하나의 프롬프트 형태로 완성합니다.

이렇게 단계별 글쓰기를 하면 아이디어를 선정하는 것부터 글을 구체화하는 것까지 모든 과정을 거치며 프롬프트를 쉽게 작성할 수 있습니다. 그 과정에서 글의 구조를 한눈에 파악하고 틀린 부분을 쉽게 발견하여 수정할 수도 있죠. 단계별 글쓰기에 익숙해진다면 어떤 주제를 다루더라도 프롬프트를 손쉽게 만들어 낼 수 있습니다. 프롬프트 작성이 재미있어지는 단계별 글쓰기, 본격적으로 함께 해볼까요?

[1단계] 주제 설정하기

첫 번째는 향후 글쓰기의 큰 틀을 설정하는 '주제 설정하기'입니다. 여러분은 어떤 주제로 이미지를 만들고 싶나요? 여기서는 '여름'을 주제로 이미지를 만들어 볼 건데요. 여러분은 '여름' 하면 무엇이 생각나나요? 시원한 아이스크림? 한여름 장대 같이 내리는 소나기? 저는 보기만 해도 상쾌해지는 여름 바다가 떠오릅니다. 그래서 이번 실습에서는 '바다'를 주제로 뤼튼에게 이미지 생성을 요청해 보겠습니다.

> **이렇게 써보세요!**
>
> (#주제: 바다, 하늘, ○○○ 등) 그려줘

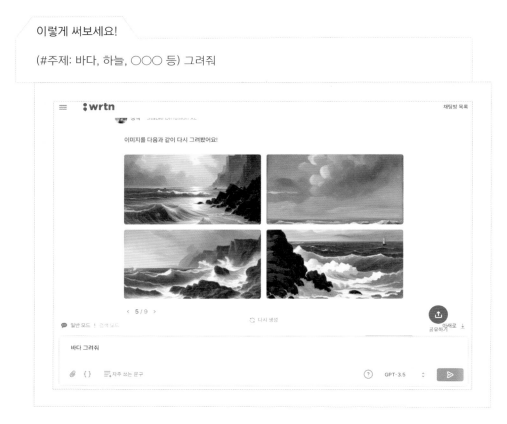

기대했던 이미지가 잘 나왔나요? 주제를 잘 선정하는 것만으로도 원하는 이미지를 얻었다면, 축하합니다! 하지만 다음처럼 엉뚱한 이미지가 나오는 경우가 훨씬 더 많습니다.

특별히 원하는 바다의 모습이 있다면 프롬프트를 좀 더 구체적으로 작성하는 것이 좋습니다. 여기에서는 '바다'를 '한여름의 평화로운 바닷속'이라고 자세하게 풀어서 설명해 보았습니다.

이렇게 써보세요!

한여름의 평화로운 바닷속 그려줘 ◁ 주제를 좀 더 구체적으로 표현해 보세요!

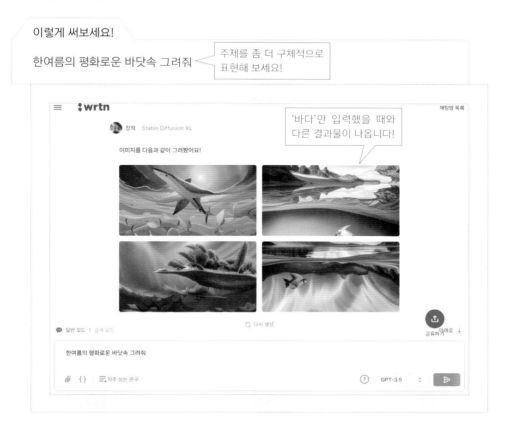

하면 된다! ᕯ 나만의 주제 정하기

자, 어떤 주제든 좋으니 이미지를 직접 만들어 보세요. 한 가지 팁을 드리자면 가장 자신 있고 잘 알고 있는 주제를 선택하세요. 주제에서 많은 키워드를 만들어 낼 수 있다면 좋은 프롬프트를 쓸 가능성이 높아집니다.

주제   예 봄, 여름, 가을, 겨울

손으로 직접 써보세요.

주제 설정이 막막할 때에도 AI의 도움을 받으세요!

주제를 구체적으로 설정하는 것조차 어려워하는 분도 분명히 있을 겁니다. 그렇다면 먼저 이미지를 어디에 사용할지 떠올려 보세요.

동화책을 예로 들어 예상 독자를 설정해 본다면 유치원생이 되겠죠? 여기에서는 "귀여운 동물을 좋아하는 유치원생들을 위한 동화책 주제를 5가지 이상 추천해줘"라고 명령해 보았습니다.

예상 독자만 설정했는데 이렇게 다양한 주제와 요약된 줄거리가 정리되어 나옵니다.

이 중에서 '6. 기적의 정원에서 피는 클로버'라는 주제와 내용을 참고하여 그림을 생성하면 됩니다.

몽환적이고 미스터리한 분위기, 무너진 집 뜰에 피어난 하얀 네잎 클로버가 '기적'이라는 단어와 정말 잘 어울리네요. 뽀얀 흰 토끼 두 마리와 무지개 빛으로 빛나는 개구리 등의 동물 모습도 예쁘게 나왔답니다.

[2단계] 키워드 찾기

다음은 그리고 싶은 장면을 구체적으로 상상하며 키워드를 뽑아내는 단계입니다. 앞서 주제로 잡은 '한여름의 평화로운 바닷속'을 상상해 볼게요. 햇빛이 스며드는 따뜻함, 바닷속의 다채로운 풍경, 그리고 바닷가에 펼쳐진 고운 모래사장이 떠오릅니다. 이렇게 떠오르는 생각을 간단한 키워드로 정리해 장면을 묘사하는 재료로 사용하면 됩니다.

주제	한여름의 평화로운 바닷속
키워드	바다(바닷속), 해변, 여름, 따뜻한, 평화로움, 다채로움

하면 된다! 〉 주제에 맞는 키워드 정리하기

주제를 머릿속으로 상상하며 떠오르는 장면에 어떠한 것들이 있었는지 메모해 보세요.

주제

키워드 🖉 ⟨예⟩ 바다(바닷속), 해변, 여름, 따뜻한, 평화로움, 다채로움

이미지 검색 사이트에서 키워드를 참고해 보세요!

셔터스톡, 픽사베이, 언스플래시, 구글 등 대표적인 이미지 검색 사이트에서 이미지 제목이나 키워드를 참고하는 것도 좋은 방법입니다.

셔터스톡의 키워드 검색 방법

언스플래시의 키워드 검색 방법

[3단계] 쪼개고 구체화하기

이미지의 주제와 키워드를 정리했다면 인공지능이 그림을 그려 낼 때 필요한 재료는 모두 준비된 셈입니다. 이번 단계는 이 재료를 그림 속에서 어떻게 표현하고 배치할 것인지 주제와 키워드를 '구체적으로' 풀어내는 것인데, 이때 자신만의 명확한 기준을 세우는 것이 중요합니다. 그래야 다음 단계인 '이어 붙이기'에서 헷갈리지 않고 프롬프트를 만들 수 있습니다. 예를 들어 **분위기**, **배경**, **공간**, **장소**를 분류 기준으로 삼아 보겠습니다.

먼저 주제를 구성하는 단어를 '한여름', '평화로운', '바닷속'과 같이 키워드로 쪼갠 뒤, 각 단어를 잘 설명할 수 있는 수식어를 써 내려가 보세요. 머릿속에 떠오르는 장면을 글로 옮기면 됩니다. '한여름'이라는 단어는 '쨍쨍 내리쬐는 햇빛과 더위를 식혀 줄 푸른 바다'로 정리할 수 있겠죠. 이렇게 키워드를 자세하게 풀어 설명하다 보면 어느새 여러분의 머릿속에 있는 장면을 그려 주는 프롬프트가 완성되어 있을 것입니다.

주제	한여름(의) / 평화로운 / 바닷속
키워드	바다(바닷속), 해변, 여름, 따뜻한, 평화로움, 다채로움

	분류 기준: 분위기, 배경, 공간, 장소
쪼개고 구체화하기	**한여름** • 따가운 햇볕 → 쨍쨍 • 상쾌한 느낌 → 푸른색 계열의 단어 • 여름 바다 분위기 → 야자수, 바다 밖의 풍경 **평화로움** • 잔잔하고 고요한 물결 • 햇빛이 찬란한 바다 • 야자수가 있는 해변 • 다양한 생물이 살고 있는 바닷속 정경 **바닷속** • '바다'라는 객관적인 대상을 두고 '바닷속'이라는 표현으로 조명하기 • 공간과 장소로 분리하여 바다 바라보기(공간: 바닷속, 장소: 생태계의 보고)

하면 된다! ┤ 쪼개고 구체화하기

주제를 구성하는 단어를 키워드로 쪼갠 뒤, 이를 사용해서 분위기, 배경, 공간, 장소 등의 분류 기준에 맞게 구체적으로 묘사해 보세요!

주제 ✎

키워드 ✎

쪼개고 구체화하기 ✎

[쪼개고 구체화하기] 과정에서 '공간'과 '장소'의 개념을 활용해 보세요!

공간과 장소의 차이를 알고 있나요? 공간은 물리적으로 채워질 수 있어서 지도에도 표시되지만, 장소는 공간에 의미를 부여해야 지도에 표현할 수 있습니다. 다시 말해, 장소는 물리적 개념이 아닌 사람이 부여한 경험적 의미나 기능으로만 존재를 설명할 수 있습니다.

그렇다면 '바다'라는 대상은 어떻게 '공간'과 '장소'의 개념으로 구분할 수 있을까요? 우선 '바다'를 '공간'으로 보면 크게 3가지로 나눌 수 있습니다.

바다(전체) / 바닷속 / 바다 밖

'공간'은 그림을 구체화할 때 그리고 싶은 부분을 확대하는 작업과 같습니다. 광범위한 영역 중 어느 부분을 그릴 것인지 명확하게 보는 것이죠. 그리고 그 '공간'에 여러분이 생각하는 '바다'의 의미를 부여하면 바로 '장소'가 됩니다. 바다라는 공간에 의미를 부여해 장소로 구체화해 봅시다.

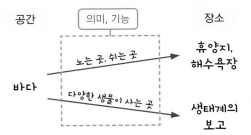

바다에서 '바닷속'이라는 공간을 주목할 때 '다양한 생물이 사는 곳'이라는 의미를 부여하면 '생태계의 보고'라는 장소로 바라볼 수 있습니다. 이처럼 **키워드를 쪼개고 구체화하는** 과정에서 배경이나 정황을 묘사할 때 공간과 장소를 나눠서 생각해 보면 작업이 훨씬 수월해집니다.

[4단계] 이어 붙이기

앞서 구체화한 키워드를 바탕으로 프롬프트를 작성해 보겠습니다. 먼저 구체화한 키워드나 문장을 자신만의 분류 기준으로 정리한 후 단어로 나열하거나 문장으로 만듭니다. 생성 AI가 프롬프트 텍스트를 해석할 때 앞쪽 내용을 잘 반영하므로 중요한 내용일수록 앞쪽에 배치해 주세요.

- 배경: 한여름 — 햇볕이 쨍쨍 내리쬐는 푸른 하늘, 야자수가 있는 해변, 햇빛이 들어오는 바닷속, 수중 풍경
- 분위기: 평화로운 — 잔잔하고 고요한 물결, 여유롭게 헤엄치는 물고기와 해파리, 상쾌한 분위기(푸른색)
- 공간: 바다 / 바다밖 / 바닷속
- 장소: 바닷속(생태계의 보고) — 물고기와 해파리가 헤엄치고 있다.

이렇게 써보세요!

햇볕이 쨍쨍 내리쬐는 푸른 하늘. 잔잔하고 고요한 물결이 이는 바다. 바다 밖은 야자수가 있는 해변이 펼쳐져 있다. 햇빛이 들어오는 바닷속엔 물고기와 해파리가 여유롭게 헤엄치고 있다. 수중 풍경. 그려줘

맨 처음 '바다'라고만 입력했을 때와 비교되지요? 프롬프트를 구체적으로 입력하면 단순하게 키워드만 입력했을 때보다 훨씬 만족스러운 결과물을 얻을 수 있습니다. 이렇게 머릿속으로 생각한 이미지와 생성 AI가 만들어 준 결과가 비슷할 때 '프롬프트 정확도가 높다'고 볼 수 있습니다.

단순 글쓰기 결과

단계별 글쓰기 결과

하면 된다! ⟩ 이어 붙이기

주제를 구성하는 단어들을 간단한 키워드로 쪼갠 뒤 이를 사용해서 장면을 구체적으로 묘사하세요!

주제 🖋

키워드 🖋

쪼개고 구체화하기 🖋

이어 붙이기 🖋

03-3

개성이 담긴 프롬프트 기법,
수사적 글쓰기

꾸밈의 왕, 수사적 글쓰기

앞서 단계별 글쓰기를 통해 프롬프트를 구체화하는 방법을 배웠으니, 이제 이미지에 꼭 드러났으면 하는 부분의 확률을 높이는 방법을 알아보겠습니다. 이미지를 글로 표현할 때는 다양한 수식어를 사용하는데 이를 **수사적 글쓰기**라고 합니다. 다음은 수사적 글쓰기를 사용하는 글쓰기 방법입니다.

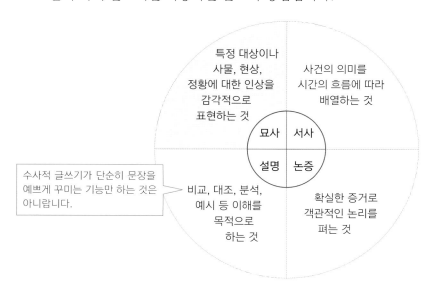

특정 대상이나 사물, 현상, 정황에 대한 인상을 감각적으로 표현하는 것

사건의 의미를 시간의 흐름에 따라 배열하는 것

묘사 | 서사
설명 | 논증

수사적 글쓰기가 단순히 문장을 예쁘게 꾸미는 기능만 하는 것은 아니랍니다.

비교, 대조, 분석, 예시 등 이해를 목적으로 하는 것

확실한 증거로 객관적인 논리를 펴는 것

여기서 제시한 네 종류의 글쓰기가 모두 프롬프트에 적합한 것은 아닙니다. '논증'은 증명과 설득이 목적인 글쓰기이므로 프롬프트에 적절하지 않습니다. 수사적 글쓰기는 저마다 특징이 있고, 그 특징을 잘 살린다면 결과물의 질을 높일 수 있습니다. 여기에서는 '묘사'를 중심으로 프롬프트 작성법을 알아보려 합니다.

글쓰기계의 카멜레온, '묘사'

묘사는 딱딱한 설명글에 살아 숨쉬는 듯한 생명력을 불어넣으면서 이미지를 한층 더 감각적으로 만들어 줍니다. 또, 문맥 속에 숨어 있는 메시지를 꺼내 이미지로 탄생시킵니다. 묘사에는 크게 **객관적 묘사, 주관적 묘사, 암시적 묘사, 설명적 묘사, 감각적 묘사**가 있습니다. 각각 매력 포인트가 다른데요. 5가지 묘사의 글쓰기를 활용한 프롬프트를 알아볼까요?

내가 전달하고 싶은 사실만 전달해요, 객관적 묘사

객관적 묘사란 '의도적'으로 주목한 사실을 쓴 글쓰기입니다. 개인의 느낌과 의견을 최대한 배제해야 합니다.

형태	설명적 묘사 + 암시적 묘사(사실 중 개인의 감상)
성격	현실적, 직관적, 의도적
프롬프트 특징	• 이미지 속에서 구현되길 바라는 요소에 집중하고 작성하지 않은 요소에는 자율성을 부여합니다.

[객관적 묘사 예시]

영감 얻기	그는 키가 작고 통통했으며 살찐 얼굴에서는 면도를 하고 난 뒤의 희끗희끗한 수염 자국이 보였다. 그는 마찬가지로 희끗희끗한 앞머리를 눈썹 위까지 내려오게 잘랐고 단정치 못한 옷차림을 하고 있었다. 빨간색 저지 터틀넥 위에 입은 재킷 가슴 주머니 밖으로 볼펜이 나와있다. • 출처: 윌리엄 트레버, 《윌리엄 트레버》, 현대문학
프롬프트 예시	키 작고 통통한 남자는 흩어진 흰 앞머리가 있고, 희끗한 수염 자국에 때가 묻은 빨간색 터틀넥을 입었다. 상의 주머니 안에 볼펜이 있다, 지저분해 보인다.

뤼튼   빙 이미지 크리에이터   캔바

- 남자의 다양한 모습 중에서 생김새와 옷차림에 의도를 갖고 초점을 맞춰 묘사합니다.
- 후줄근한 분위기와 인상을 풍기는 인물이 이미지로 등장하며, 입력되지 않은 부분은 자유롭게 만들어집니다.

▶ 모델마다 학습한 이미지의 양과 특징이 달라 같은 프롬프트라도 입력한 내용이 나오지 않을 수도 있습니다. 스타일과 세부 사항은 생성 AI마다 별도로 입력해 주세요.

대부분의 텍스트 투 이미지 AI는 이미지가 편향되어 나오는 경향이 있습니다. 예를 들어 AI가 학습한 인물 사진이 주로 서양인이라면 인물의 기본값으로 서양인이 자주 등장합니다. 따라서 특정 이미지의 값이 많이 나온다면 반드시 프롬프트를 별도로 작성해 주세요. 인종 키워드를 사용한 프롬프트는 아예 입력되지 않거나 민감한 프롬프트로 인식하여 이미지가 잘 나오지 않습니다(뤼튼, 캔바 ○ / 칼로 △ / 빙 이미지 크리에이터 X). 한편 '기쁘다'보다 '슬프다'의 이미지 결과 양이 적으니 '슬프다' 키워드를 입력할 때는 sad, sorrowful 등의 영어를 사용하거나 다른 외국어 대응어를 찾아서 작성해 주세요!

내 마음은 호수요, 주관적 묘사

주관적 묘사는 사실보다 감정과 생각을 우선시하는 글쓰기로, 창의성이 두드러진다는 특징이 있습니다.

형태	사실보다 개인의 감정과 생각을 우선시하는 글쓰기입니다.
성격	개인적, 주관적, 감각적, 추상적
프롬프트 특징	• 창의성과 자율성을 가장 많이 부여하는 프롬프트로, 생성되는 결과물도 다양합니다. • 주관적 묘사 프롬프트는 추상성이 높아서 실사보다 일러스트, 콘셉트 아트, 애니메이션 등의 아트 스타일을 따로 입력해야 훨씬 더 좋은 이미지를 얻을 수 있습니다. ▶ 비유법과 관련된 내용은 04-4절과 04-5절에서 자세히 다룹니다.

[주관적 묘사 예시]

영감 얻기	길은 한 줄기 구겨진 넥타이처럼 풀어져 일광의 폭포 속으로 사라지고… • 출처: 김광균, 《추일서정》
프롬프트 예시	길은 한 줄기 구겨진 넥타이처럼 풀어져 일광의 폭포 속으로 사라진다.

뤼튼

빙 이미지 크리에이터

캔바

• '길'을 '풀어진 넥타이'로, '태양 빛이 쏟아지는 모습'을 '폭포'에 비유했습니다.

▶ 비유법 중 직유법을 잘 적용한 예시입니다. 대부분의 비유법은 AI에서 잘 통하지 않지만 성공한다면 매우 개성 있고 독창적인 작품을 만들 수 있습니다.

주관적 묘사 프롬프트에서 사용하는 비유법은 인물, 동물 등 움직임이 있는 것보다 정적인 사물, 배경 등을 묘사할 때 더욱 효과적입니다. 비유법 중에서도 논리적 연결 고리가 있는 직유법(~같은, ~처럼)을 사용하면 정확도를 좀 더 높일 수 있습니다.

말하지 않아도 알아요, 암시적 묘사

암시적 묘사는 문맥을 통해 감정, 생각, 이미지, 느낌 등을 전달하는 글쓰기입니다.

형태	감정, 생각, 느낌 등을 유발하는 단어나 문장을 사용합니다. ⑩ 방 안에는 **난로**가 켜져 있다. → 방 안이 따뜻하다는 것을 표현
성격	함축적, 내포적, 유추
프롬프트 특징	• 맥락 속에서 감정, 생각, 이미지, 느낌 등을 전달할 수 있는 프롬프트로, 이미지 속에 묘사해야 할 정황이 너무 많은 경우에 사용하면 효과적입니다. • 모든 것을 일일이 설명하면 오히려 정확도가 떨어지므로 프롬프트를 작성할 때에는 이미지 속 대상의 **관계와 정황 묘사**에 중점을 두어야 합니다.

[암시적 묘사 예시]

영감 얻기	맞았소. 그 사람 사무실 창가를 지나가는데 창문이 열려 있더군. 마침 촛불도 켜놓아서 눈길이 가더라고. 동업자가 다 죽어 간다더니 정말 혼자 앉아 있던데. 이제 이 세상에 정말 혼자만 남은 것 같더라고. • 출처: 찰스 디킨스, 《크리스마스 캐럴》, 더스토리
프롬프트 예시	그는 혼자 어두운 방에 앉아 있었다. 촛불의 빛이 그의 얼굴에 희미하게 비쳤다. 그는 창밖을 내다보고 있다. 창밖의 거리에는 눈이 많이 쌓여 있었다.

뤼튼

빙 이미지 크리에이터

캔바

이때 정치, 폭력, 성과 관련된 선정적인 단어들이 포함된 프롬프트는 지양하는 게 좋습니다. 물론 입력한 프롬프트에 윤리적으로 민감한 문제가 있다면 AI가 자체 검열하여 이미지를 아예 생산하지 않거나 선정적이지 않은 이미지만 만들어 주니 걱정하지 않아도 괜찮습니다.

정확하게 전달해요, 설명적 묘사

설명적 묘사란 객관적 묘사와 달리 모든 사실을 기반으로 최대한 개인의 느낌과 의견을 배제하여 작성하는 글쓰기입니다.

형태	• 동일한 대상을 보고 각자 느낀 대로 쓰는 것이 객관적 묘사라면, 설명적 묘사는 동일한 대상을 보고 모두 같은 대상을 떠올릴 수 있게 하는 것이 목적입니다. • 직관적이고 구체적인 단어나 문장을 사용합니다. • '예쁘다', '크다', '빠르다'와 같이 판단하는 내용일 때는 비교, 대조, 예시 등을 사용해 최대한 객관적인 사실을 확보하여 설명합니다. 예 쥐보다 크고 고양이보다 작아 보인다.
성격	구체적, 재현적, 사실적
프롬프트 특징	• 생각한 이미지와 결괏값의 오차를 최대한 줄이기 위한 프롬프트입니다. • 매우 구체적이고 세세한 것까지 설명합니다. • AI의 자유도가 가장 떨어지긴 하지만 프롬프트의 정확도가 높습니다.

[설명적 묘사 예시]

영감 얻기	그래서 나는 그리기 시작했다. 먼저 집처럼 생긴 네모를 하나 그렸다. … (중략) … 그래서 나는 그 위에 지붕을 얹었다. 지붕의 양쪽 끝에다가 나는 첨탑을 그렸다. … (중략) … 나는 아치 모양 창문을 그렸다. 나는 버팀도리를 그렸다. 나는 큰 문도 만들었다. • 출처: 레이먼드 카버, 《대성당》, 문학동네
프롬프트 예시	지붕 양쪽 끝에 spire가 있고, 아래 네모난 집에 flying buttress, 아치 모양 창문들, 큰 문들이 있다.(3d modeling, 3d rendering)

뤼튼   빙 이미지 크리에이터   캔바

- 소설의 주인공이 시각 장애인에게 실제로 대성당을 설명해 달라는 부탁을 받아 그림을 그리는 부분을 글로 묘사한 장면에서 모티브를 얻어 작성했습니다.
- spire는 '첨탑', flying buttress는 고딕 건축 양식인 '버팀도리'인데, 생성 AI가 '첨탑'이나 '버팀도리'라는 단어를 이해하지 못해 영어로 바꾸어 표현했습니다.

설명적 묘사 프롬프트는 사용자의 역량과 생성 AI의 성능 차이가 가장 뚜렷하게 드러나는 글쓰기 방식입니다. 설명적 묘사로 프롬프트를 썼을 때 이미지에서 반드시 드러나야 하는 부분이 나오지 않는다면 다음 2가지 중 하나일 확률이 높습니다.

첫 번째는 '설명하고자 하는 대상에 대한 이해도가 낮은 경우'입니다. 이것에 해당한다면 사용자가 대상의 이미지를 찾아 참고하거나, 대상의 묘사에 필요한 명칭을 공부하는 것이 해결책입니다.

두 번째는 '생성 AI마다 학습한 사진 데이터의 양과 종류가 천차만별'이기 때문입니다. 뤼튼에서 잘 나오는 프롬프트가 빙 이미지 크리에이터에서는 잘 적용되지 않을 수 있고, 반대로 빙 이미지 크리에이터에서 잘 진행되는 프롬프트가 뤼튼에서 제대로 쓰이지 못할 수도 있죠. 생성 AI는 모든 사진을 학습한 것이 아니므로 한정된 학습량 속에서 배합된 이미지가 등장한다는 것을 이해한다면 입력한 값이 왜 안 나오는지 그 이유도 알 수 있습니다. 그렇다면 해결책은 없을까요? 전부는 아니더라도 일부는 프롬프트 수정을 통해 충분히 해결할 수 있습니다. 그 방법은 이후 03-4, 03-5절에서 하나하나 알려 드릴 테니 천천히 따라와 주세요!

오감을 활용해요, 감각적 묘사

감각적 묘사는 오감(미각, 청각, 후각, 촉각, 시각)을 활용한 글쓰기입니다.

형태	오감을 통해 느끼는 단어나 문장으로 이뤄집니다. ⑩ 불닭볶음면을 먹으니 매워서 입에서 불을 뿜을 것 같다.
성격	감각적, 구체적, 즉각적, 비유적
프롬프트 특징	• 인물이나 동물 등 감정이나 감각이 있는 피사체의 반응을 강조해서 보여 주는 데 특화되어 있습니다. • 오감 중에서도 '시각'을 공략하는 것이 가장 효과적이며 '청각', '후각' 등과 같이 시각적으로 강조할 단어가 부족하면 이미지를 생성하기 어렵습니다. 이때 사물에 대한 인물의 표정과 반응을 자세히 묘사하는 것이 좋습니다.

[감각적 묘사 예시]

영감 얻기	'정말 아름답구나.' 파비앵은 보석처럼 빼곡하게 들어찬 별들 사이를 헤맸다. 그 안에는 파비앵과 그의 동료 이외에 살아 있는 것이라고는 아무것도, 정말이지 아무것도 없었다. 가공의 도시 속에 들어선 도둑들처럼 더 이상 빠져나갈 수 없는 보석방 안에 갇힌 느낌이었다. 그들은 엄청난 부자가 되었지만, 사형선고를 받은 채 그 차가운 보석 사이를 떠돌고 있었다. • 출처: 생텍쥐페리, 《야간비행》, 자화상
프롬프트 예시	차갑게 빛나는 보석이 가득한 출구 없는 방에 들어선 두 사람, 황홀한 표정을 하며 천장을 바라본다. 방 안에 보석처럼 빼곡한 별들 사이로 그 중심에 선 두 사람 외에는 아무도 없다.

뤼튼   빙 이미지 크리에이터   캔바

- 차갑게 빛나는(촉각의 시각화), 보석처럼 빼곡한 별들(시각) 등 감각적 표현을 사용해서 만든 프롬프트입니다.

▶ '촉각의 시각화'처럼 공감각적 묘사를 사용한 프롬프트는 오감을 눈에 보이는 이미지로 연결하는 능력이 중요합니다.

 암시적 글쓰기가 어렵다면 소설을, 주관적 글쓰기가 어렵다면 시를 참고해 보세요!

예로부터 동서양을 막론하고 모두 시와 이미지는 상당히 맞닿아 있는 부분이 많습니다. 특히 시에 쓰인 단어를 통해 독특한 감성과 좋은 영감을 얻을 수 있습니다. 실제로 뤼튼은 이미 사용자들이 문학 작품에서 영감을 받아 프롬프트를 작성할 수 있도록 하는 챌린지를 진행하고 있습니다.

그리스 시인 시모니데스(Simonides)는 그림과 시의 관계를 다음처럼 표현했습니다.

"그림은 침묵의 시이며, 시는 언어적 재능으로 그려 내는 그림이다."

시인이 객관적인 것에서 주관적인 감상을 이끌어 내는 것처럼, 이미지 생성 AI 프롬프트 엔지니어 역시 아직은 완벽하지 않지만 프롬프트 글쓰기를 통해 자신만의 감상을 넣은 이미지를 충분히 만들 수 있습니다.

03-4

이미지가 왜 원하는 대로 나오지 않을까?

AI는 단어의 문법과 의미를 아직 완벽하게 분류하지 못해요

앞서 소개한 단어 선택법을 따라 하며 프롬프트를 열심히 작성해 봤지만 예상과 다르게 황당한 이미지가 만들어지는 경우가 종종 있습니다. AI가 프롬프트를 잘못 해석하고 엉뚱한 이미지를 만드는 것인데요. 그렇다면 AI는 왜 이런 실수를 하는 걸까요? 그 이유는 AI의 프롬프트 해석 과정에서 찾을 수 있습니다.

이유 1. 모델마다 사용하는 언어 분석 방법이 다르다

AI는 인간의 언어를 어떻게 이해할까요? AI 기술 중에 NLU(natural language understanding, 자연어 이해)라는 방법이 있습니다. 프롬프트를 입력하면 의미는 물론 사용자가 말하는 의도까지 파악해 주죠.

▶ 80쪽 암시적 묘사 프롬프트의 예시가 NLU 기술이 잘 적용된 예라 볼 수 있습니다.

AI는 NLU로 의미를 파악하는 과정에서 문장이나 단어를 형태소로 분리합니다. 이때 한국어와 외국어의 형태소 분석 방법이 다른데요. 만약 외국어의 형태소 분석 방식만 사용하는 AI 모델이라면 한국어 해석 능력이 떨어질 수밖에 없습니다. 따라서 이 경우에는 03-5절에 소개했듯이 번역기를 활용해 한국어 프롬프트를 영어로 수정해 사용하는 방법을 추천드립니다.

▶ 여기서 형태소란 '일정한 뜻을 가진 최소한의 단위'를 의미합니다.
▶ 이 분석 방식을 토크나이징(tokenizing)이라고 합니다.

이유 2. AI는 진짜 의미(실질적 의미)와 가짜 의미(문법적 의미)가 무엇인지 잘 파악하지 못한다

한국어의 형태소 분석 방식을 살펴볼까요? 한국어를 형태소로 나눌 때는 '의미가 있는지'와 '자립할 수 있는지'라는 두 가지 기준을 사용합니다.

그래서 AI가 프롬프트를 잘 해석하지 못하는 경우를 보면 대부분 의미 단어가 합쳐져 만들어진 복합어에서 문제가 발생합니다. 합성어처럼 의미를 가진 어근이 두 개 이상이거나, 파생어처럼 어근과 합쳐지는 접사가 있을 때 접사 자체에 의미가 있는 경우 형태소 의미 분석에서 문제가 생깁니다.

복합어

합성어   파생어

AI에게 '줄기가 90°로 꺾인 해바라기'를 그려달라고 요청해 보겠습니다.

> **이렇게 써보세요!**
>
> 90°로 꺾인 해바라기, 90°로 기울어진 해바라기, 줄기가 직각인 해바라기, 줄기가 90°로 꺾인 해바라기, 직각으로 인사하는 해바라기 등

뤼튼

빙 이미지 크리에이터

캔바

AI가 생성한 이미지를 보니 해바라기가 90°로 고개를 숙이지는 않았네요. 바로 '해바라기'가 합성어이기 때문입니다. AI가 '해바라기'라는 단어를 형태소로 분석한 형태를 예상해 간략하게 표로 정리해 보았습니다.

의미와 기능에 따른 분류	자립성 유무에 따른 분류
해 / 바라기	해 / 바라- / 기

AI가 형태소를 분석할 때 단어를 완벽하게 이해하지 못하면 의미를 파악하는 데 오류가 생깁니다. '해바라기' 분석의 경우에도 사실 표준국어대사전에 '-바라기'라는 단어는 없습니다. 따라서 실제 국어 사용에서는 해바라기에서 '-바라기'를 접사로 분류하지도, 어근으로 보지도 않습니다. 그러나 AI는 가짜 의미(문법적 의미)를 해석하지 못하고 '바라기'를 접사로 분류해버리거나 '바라다'라는 의미를 가진 어근으로 분석할 가능성이 있습니다. 그래서 원하는 형태가 나오지 않는 문제가 발생하는 것이죠.

다른 예시로 '왕'이라는 접사를 들어 보겠습니다. 먼저 표준국어대사전에서 '왕'을 찾아보면 3가지 뜻이 나옵니다.

'왕개미', '왕소금', '왕가뭄' 등은 같은 접두사 '왕'을 사용하지만 뜻은 각각 다릅니다.

접사 '왕'의 경우 AI의 분류 기준인 빈도수에 따르면 'KING'의 의미로 해석될 것이므로 합성어로 해석할 가능성이 높습니다.

대응어가 존재하지 않아요

대응어란 서로 다른 두 언어 간에 의미가 동일한 것을 뜻합니다. 대응어가 존재하지 않는 어휘는 사회 집단이나 문화에서 직접 영향을 받는 일반어(신조어, 방언 등)에서 많이 찾아볼 수 있습니다. 간단한 예로 '새참'이 있습니다.

'새참'은 과거 농경 사회였던 우리나라의 전통 식문화를 반영한 고유어입니다. 이렇듯 문화의 특색을 살린 단어에는 대응어가 존재하지 않습니다. '새참을 먹는다.'라는 문장을 프롬프트에 넣으면 다음과 같은 결과물이 나옵니다.

이렇게 써보세요!

새참을 먹는다.

뤼튼

빙 이미지 크리에이터

캔바

대응어가 없으니 '새참'을 '참새'로 잘못 인식하는 경우가 보이네요.

그렇다면 어떻게 해야 이 문제를 해결하고 프롬프트의 완성도를 높일 수 있을까요? 다음 03-5, 03-6절에서 몇 가지 방법을 소개하겠습니다.

03-5

단어, 이렇게 고르고 활용하자

프롬프트를 열심히 작성해 봤지만 기대했던 이미지는 나오지 않고 엉뚱한 이미지가 나타나는 미스터리… 03-4절에서 살펴본 대로 그 비밀은 바로 AI의 '단어' 해석 방식 때문이랍니다. 즉, 어떤 단어를 선택하는지에 따라 프롬프트의 질과 이미지 결과가 좌우됩니다.

이제 AI가 잘 알아들을 수 있도록 적절한 단어를 고르는 방법을 알려 드리겠습니다.

인터넷 대표 사전에서 단어 찾기 ― 정확하고 다양한 데이터 확보

효과적인 단어 선택을 위한 첫 번째 방법은 인터넷 사전에서 단어를 찾는 것입니다. 대표 사전에 있는 단어들이 바로 AI가 배우는 단어이므로 프롬프트를 작성할 때 단어를 사전에서 찾아 선택하면 결과도 훨씬 정확해집니다. 또한 프롬프트를 수정할 때 대체할 여러 후보 단어를 찾을 수도 있습니다. 이런 대체 단어 또한 정확성이 높다는 것이 큰 장점이고요. 정확한 단어를 많이 알수록 완성도 높은 이미지를 제시할 가능성도 높아집니다.

어학 사전에 있는 뜻을 기준으로 삼기

단어를 찾을 때 무엇을 이용하나요? 보통 포털 검색 창에서 검색하는 경우가 많은데요. 이때 주의해야 할 점이 있습니다. 특정 분야에서만 사용하는 단어가 아니라면 국립국어원의 표준국어대사전을 기준으로 할 것을 권장합니다.

다음 예시는 '비평'이라는 단어를 표준국어대사전과 문학비평용어사전에서 검색한 결과입니다.

표준국어대사전	문학비평용어사전
1. 사물의 옳고 그름, 아름다움과 추함 따위를 분석하여 가치를 논함 2. 남의 잘못을 드러내어 이러쿵저러쿵 좋지 아니하게 말하여 퍼뜨림	문학 작품을 정의하고 그 가치를 분석하며 판단하는 것

표준국어대사전과 문학비평용어사전에서 정의한 '비평' 비교하기

위키백과, 나무위키, 네이버 지식인 등이 제공하는 어학 정보에는 정확하지 않은 것도 있고 전문어 사전에서는 의미를 좁혀 설명하기도 합니다. 심지어 본래 의미가 아니거나 정반대 의미를 나타내는 경우도 있습니다. 일반적인 의미를 알고 싶다면 어학 사전에서 제시하는 기본 뜻을 참고하는 것이 가장 안전합니다.

대표적인 인터넷 사전 3가지

프롬프트 글쓰기는 단어의 정확성이 생명입니다. AI에 사용하는 말뭉치는 국립국어원에서 자료를 배포하는데, 그 기준이 되는 단어들이 표준국어대사전이나 고려대사전, 우리말샘 등의 주 자료가 됩니다. 따라서 앞으로 상황에 적합하게 선택할 수 있도록 각 사전의 특징을 알려 드리겠습니다.

1. 표준국어대사전(stdict.korean.go.kr)

우리나라 공식 표준어 규정은 표준국어대사전을 따릅니다. 표준국어대사전은 국립국어원에서 편찬했으며 우리나라 최초의 국어대사전입니다. 엄격한 규정에 따라 선별한 표준어와 자주 사용하는 비표준어만 등재되어 있습니다. 말뭉치의 주요 정보 수집처는 뉴스 기사인데, 기사 작성의 기본이 표준어라는 점에서 여타 사전에 비해 단어의 신빙성이 가장 높습니다.

2. 고려대사전(앱 스토어, 구글 플레이)

1억 어절이 넘는 한국어 데이터베이스를 기반으로 편찬한 최초의 대사전으로, 등재된 용례와 단어 수 또한 표준국어대사전보다 많습니다. 또한 빈도와 실례를 표제어의 우선순위 기준으로 삼고 있어 글의 사용 빈도와 노출 정도를 값으로 출력하는 AI 특성상 앞으로 AI 산업에서 표준 사전으로 바뀔 가능성이 높습니다.

▶ 고려대사전은 웹 사전을 제공하지 않으며 앱 스토어에서 유료로 이용할 수 있습니다.

3. 우리말샘(opendict.korean.go.kr)

국립국어원에서 만든 참여형 사전입니다. 전문가의 피드백이 반영되어 뜻풀이가 만들어지며, 단어도 표준국어대사전과 고려대사전보다 가장 많이 등재되어 있습니다. 표준어뿐 아니라 신조어나 방언 등 다양한 일상어도 포함되어 있습니다. 방대한 양만큼 비속어 필터링이나 형태소 분석기(토크나이저) 등을 통한 필터링이 필요합니다. 하지만 다양한 분야에 전문성을 갖춘 단어들이 많은 만큼 다방면에서 이용 가치가 뛰어납니다.

▶ 정확한 표준어를 알아야 할 때에는 〈표준국어대사전〉에서 찾아야 합니다.

포털 사이트 사전 활용하기

단어의 정확한 뜻을 찾는 또 다른 방법으로 '포털 사전'을 이용해 보세요. 시간과 효율성을 모두 챙길 수 있습니다. 포털 사전에서도 표준국어대사전, 우리말샘, 고려대사전 등 우리말의 기준이 되는 대표 사전을 구독해 서비스를 제공합니다.

네이버 국어사전에서 '하늘' 검색

다음 한국어 사전에서 '하늘' 검색

다음은 우리나라 대표 포털 사이트인 다음과 네이버의 국어사전을 표로 간단하게 정리한 표입니다. 사이트별로 다양한 기능을 지원하고 있으니 기능과 장점을 비교해 보세요.

구분	네이버	다음
대표 사전	표준국어대사전, 우리말샘, 고려대사전	우리말샘, 고려대사전
특수 검색 기능	와일드카드(*), 부분 단어 검색, 자모 검색	작은 창
그 외 기능	단어장, 맞춤법 검사기, 사전 앱, 악센티카(accentica), 파파고, 웹 번역, 문자 인식기, 백과사전 블로그 딕씨 등	단어장, 맞춤법 검사기, 사전 앱(웹 번역, 영어 사전 카메라 검색, 전문가 단어장 등), 카카오 번역, 문자 인식기 등
특수 사전	오픈 프로 사전, 유의어/반의어 사전	다음백과
장점	• 기능이 다양하다. • 백과사전 공식 블로그 딕씨에서 기초 꿀팁을 얻어 갈 수 있다. • 특수 사전을 통해 최신 어휘를 빠르게 파악할 수 있다. • 포털 사전이 잘 되어 있다. • 실생활 활용에 초점을 두었다(악센티카, 오픈 pro 등).	• 예문이 많다. • 한눈에 보기 편하다. • 다양한 언어 찾기가 편리하다. • 앱 사전이 잘 되어 있다. • 전문성에 초점을 두었다.

기본형으로 검색하기

왼쪽 그림처럼 '기뻐-'라고 검색하면 결과물이 하나도 나오지 않습니다. 반면 오른쪽 그림처럼 '기쁘다'라고 검색하면 결과물이 잘 나오는 것을 볼 수 있습니다. 두 낱말 사이에는 '활용형'과 '기본형'이라는 차이가 있습니다.

활용형 '기뻐' 검색

기본형 '기쁘다' 검색

만약 사전에 '활용형'을 전부 등재한다면 양이 너무 방대할 것입니다. 따라서 사전을 찾을 때는 '활용형'이 아니라 '기본형'을 사용해야 정확한 결괏값을 얻을 수 있습니다.

전체를 생각할 때는 추상어, 디테일을 생각할 때는 구체어 선택하기

효과적으로 단어를 선택하는 두 번째 방법은 추상어와 구체어를 구분해서 사용하는 것입니다. 추상어를 선택한 글쓰기를 '거시적 프롬프트'라 하고, 구체어를 선택한 글쓰기를 '미시적 프롬프트'라고 합니다.

거시적 프롬프트는 주제를 추상적으로 다루며 전체 개요나 흐름에 중점을 둡니다. 거시적 프롬프트를 사용하면 4가지 이미지가 일관성 있게 생성되고, 짧은 글로도 다양한 관점의 이미지를 생성할 수 있습니다. 그러나 AI에게 자율성이 많이 부여되므로 세부적인 면에서 일관성이 부족할 수 있습니다.

이렇게 써보세요!

평화로운 숲의 풍경

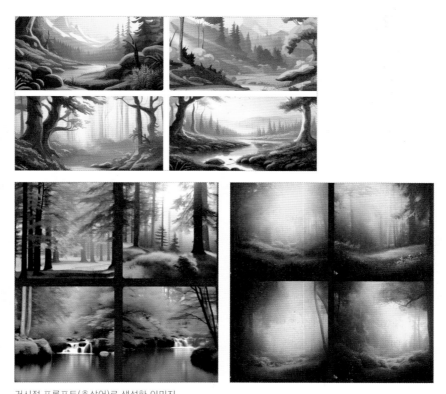

거시적 프롬프트(추상어)로 생성한 이미지

반면, **미시적 프롬프트**는 세부 디테일을 중심으로 표현하는 방식입니다. 구체적인 단어와 표현을 사용하여 특정 대상이나 상황을 자세하게 묘사하며, 이를 통해 정확한 이미지를 전달할 수 있습니다. 자세한 설명으로 일관성과 정확성을 보장할 수 있고 더 많은 정보를 전달할 수 있습니다. 사용자의 개입이 주가 되기 때문에 다르게 해석할 여지가 있거나 설명이 부족하면 전체적인 일관성을 훼손할 수 있다는 단점도 있습니다.

> **이렇게 써보세요!**
>
> 푸른 잎사귀와 노란 꽃들이 있는 나무 사이를 햇살이 비치는 숲에서 산책하는 사람의 모습
>
>
>
> 미시적 프롬프트(구체어)로 생성한 이미지

▶ 추상어나 구체어는 상대성을 띄기도 합니다. 위 두 프롬프트 예시에서는 거시적 프롬프트에 쓰인 표현들(평화로운, 풍경)이 미시적 프롬프트에서 상대적으로 더 자세한 단어들로 풀어서 표현되었다는 것을 알 수 있습니다.

어떤 접근 방식을 선택할지는 글쓰기의 목적에 따라 달라집니다. 전체 개요나 다양한 관점을 다루고 싶다면 거시적 프롬프트가 유용하며, 구체적인 상세 정보를 전달하고자 한다면 미시적 프롬프트를 활용하는 것이 적절합니다. 또한 이 2가지 접근 방식을 조합하여 글쓰기를 할 수도 있습니다.

다음은 추상어와 구체어에 관해 간단히 정리한 표입니다.

구분	추상어	구체어
성격	보편적, 거시적	구체적, 미시적
특징	짧은 글에 효과적	긴 글에 효과적
이미지 정확도	효과가 낮음	효과가 높음
거시적 프롬프트	효과가 높음	효과가 낮음
미시적 프롬프트	효과가 낮음	효과가 높음

뜻을 함축하는 상위어! 메타 언어 사용하기

추상어와 구체어를 구분하는 것이 어렵다면 사전에서 메타 언어를 찾아보세요. 메타 언어는 '상위 개념'으로 생각하면 되는데, 예를 들어 '고래'의 메타어는 '포유류'라고 할 수 있습니다. 한편 컴퓨터 분야에서 메타 언어는 단어를 다양한 기준으로 분류하여 사용자가 탐색하기 쉽도록 하는 문자를 뜻합니다. 메타 언어를 프롬프트 글쓰기에 활용하면 좋은 점 4가지를 살펴보면서 메타 언어가 정확히 무엇인지, 메타 언어를 사용하면 왜 좋은지 이해해 볼게요.

첫째, 완전한 단어를 몰라도 찾을 수 있고, 여러 형태의 음운 정보를 통해 단어를 쉽게 분류할 수 있습니다. 예를 들어 *이나 ?처럼 임의의 문자를 사용하면 다양한 단어를 추출할 수 있고 비속하게, 욕되게 등을 포함하는 뜻으로 '모욕'이라는 단어를 찾을 수 있어요(모욕: 깔보고 욕되게 함).

가 *

↓

가방, 가수, 가지 등

둘째, 뜻이 같은 단어를 쓰더라도 차이를 보여 줄 수 있습니다. 예를 들어 '전진하다'는 '앞으로 가다'와 뜻은 같지만 조금 더 역동적인 느낌까지 표현할 수 있습니다.

셋째, 글자 수의 낭비를 막아 더 많은 표현을 할 수 있습니다. '약진하는(빠르게 전진하는) 검은색 탱크들'이라고 프롬프트를 입력하면 단어의 뜻을 풀어서 사용할 때보다 글자 수를 3자나 줄이면서도 함축성 있게 표현합니다. 아낀 세 글자로 '검은색'이라는 디테일한 부분까지 입력할 수 있죠.

넷째, 프롬프트 빌더에서 양산되는 키워드보다 훨씬 희귀하고 질 좋은 키워드를 나만의 무기로 쓸 수 있습니다.

▶ 프롬프트 빌더란 원하는 키워드를 입력하거나 선택하면 프롬프트를 자동으로 생성해 주는 프로그램을 말합니다.

다음은 '빠르게'를 메타 언어로 사용한 경우와 그렇지 않은 경우 생성하는 이미지입니다.

이렇게 써보세요!

약진하는 검은색 탱크들을 그려줘

글자 수는 같지만 색 표현까지 했어요!

메타 언어를 사용한 이미지

이렇게 써보세요!

빠르게 전진하는 탱크들을 그려줘

메타 언어를 사용하지 않은 이미지

하면 된다! } 표준국어대사전에서 메타 언어 찾기

표준국어대사전에서 '기뻐'를 검색하여 기쁘다는 뜻을 함축하고 있는 메타 언어에는 어떤 것이 있는지 알아보겠습니다.

1. 국립국어원 표준국어대사전에 접속한 후 [자세히 찾기]를 누릅니다. 검색어는 입력하지 않아도 됩니다.

2. 어휘별 구분, 품사, 전문 분야, 음절 수, 다중 매체, 찾는 말 등 상세한 검색 조건을 설정하는 창이 나타납니다.

[찾는 말] 오른쪽에서 [+], [-]를 눌러 찾는 말(검색 사항)을 추가하거나 삭제할 수 있습니다. [+]를 누르면 검색 사항을 최대 3개까지 추가할 수 있다는 팝업 창이 나타나는데 여기서 [확인]을 클릭합니다. 그런 다음 바로 아래 첫 번째 칸에서 '그리고', '제외' 중에서 선택합니다. 두 번째 칸에서 문형(뜻풀이, 용례 등)을 선택하고, 세 번째 칸에서 '포함', '일치', '시작', '끝'을 선택해서 설정할 수 있습니다.

3. 여기에서는 [찾는 말] 오른쪽 [+], [-] 아래에서 [뜻풀이]를 선택하고 기뻐라고 입력한 후 [찾기]를 클릭합니다. 여기서는 활용형을 검색해도 됩니다.

찾는 말

뜻풀이 ∨ 포함∨

'기뻐' 입력

찾기

'자세히 찾기' **결과(총 183 개)**

기쁘다는 의미가 함축된 키워드를 찾을 수 있습니다.

가열-하다³(嘉悅하다) 「동사」 손아랫사람의 경사를 기뻐하다. 전체 보기 ▸

감상-적(感傷的) [Ⅰ] 「명사」 지나치게 슬퍼하거나 쉽게 기뻐하는 것. 전체 보기 ▸

감열²(感悅) 「명사」 감격하여 기뻐함. 전체 보기 ▸

감열-하다²(感悅하다) 「동사」 감격하여 기뻐하다. 전체 보기 ▸

감희(感喜) 「명사」 고맙게 여기어 기뻐함. 전체 보기 ▸

감희-하다(感喜하다) [Ⅰ] 「동사」 고맙게 여기어 기뻐하다. 전체 보기 ▸

의미를 찾으려면 추상의 단계를 낮추세요!

메타 언어를 선택할 때 '어떤 단어를 기준으로 분류할 것인가'에 따라 나오는 단어가 달라질 수 있습니다. 최적의 단어를 설정하는 명확한 방법으로 '코르지브스키의 추상의 사다리'를 제시하고자 합니다.

'코르지브스키의 추상의 사다리'란 추상의 단계가 높아질수록 막연하고 관념적인 의미가 되며, 단계가 낮아질수록 구체적인 지시 대상에 가까워진다는 이론입니다. 이 이론에 따르면 의미를 설명할 때에는 추상의 단계를 한 단계씩 낮춰 주는 것이 좋습니다.

의미가 정밀한 단어 선택하기

또 다른 효과적인 방법은 '의미가 정밀한 단어를 선택하는 것'입니다. '정밀도가 높다'는 것은 단어의 사용처가 명확하고 구체적이라는 것이고, 정밀도가 높은 단어를 사용하면 더욱 품질 좋은 이미지를 얻을 수 있습니다.

보통 우리말의 어휘 체계에서 한자어와 외래어는 고유어보다 명확하고 구체적인 의미를 지닙니다. 그리고 그중에서도 외래어가 한자어보다 더 자세한 뜻을 가집니다. 즉, 의미의 정밀도는 **고유어 < 한자어 < 외래어** 순으로 정리할 수 있습니다.

예를 들어 볼게요. 고유어 '고치다'는 특정 분야마다 쓰이는 의미가 다릅니다. 한자어를 사용하면 더 정밀하게 의미를 표현할 수 있는데, '옷을 수선하다', '컴퓨터를 수리하다', '차를 정비하다' 등으로 바꿀 수 있죠.

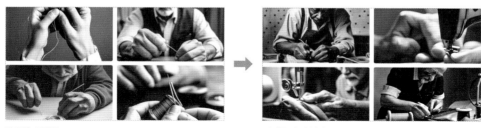

바지를 고치다 → 바지를 수선하다

또, '빵', '비닐' 같은 외래어는 아예 대체어가 존재하지 않아서 의미의 정밀도가 가장 높다고 할 수 있습니다.

비닐봉지 안에 있는 빵

그러나 순서가 항상 위와 같은 것은 아닙니다. '빵', '비닐'과 같은 외래어처럼 고유어 중에도 우리나라에서만 사용하는 단어들이 존재하기 때문입니다. 또한 의미의 명확함과 구체성은 단어의 특징에 따라서도 달라질 수 있습니다. 이와 관련된 내용은 03-5절에서 자세히 다룹니다.

[자세한 단어 사용 예시]

영감 얻기	• 볕바르다: 햇볕이 바로 비치어 밝고 따뜻하다 • 바투: ¹⁾두 대상이나 물체의 사이가 썩 가깝게 ²⁾시간이나 길이가 아주 짧게
프롬프트 예시	볕바른 창문 옆에서 안경 쓴 할아버지는 커피를 마시며 창문 위의 고양이 옆에 바투 앉았다.

뤼튼

빙 이미지 크리에이터

캔바

전문 용어 사용하기

의미의 정밀도가 높은 단어의 다른 예로 전문 용어가 있습니다. 때때로 그림의 용도나 목적에 따라서 프롬프트에 전문 용어를 입력해야만 정확한 표현을 얻을 수 있는 경우가 있습니다. 전문 용어를 사용하면 좋은 점 5가지를 소개하겠습니다.

첫째, 글의 맥락에 영향을 받지 않고, 다의성이 없어 해석에 오해의 소지가 발생하지 않습니다.
둘째, 감정이 배제된 표현을 할 수 있습니다.
셋째, 그림 값의 신뢰도가 높아집니다.
넷째, 국제적으로 호환되는 개념들이 많아서 여러 모델에서 공통으로 사용할 수 있습니다.
다섯째, 설명을 위해 낭비하는 글자 수를 줄일 수 있습니다.

다음은 전문 용어 '프로타주'를 프롬프트에 입력한 경우와 그렇지 않은 경우입니다.

이렇게 써보세요!

연필로 나뭇잎 프로타주를 그려줘

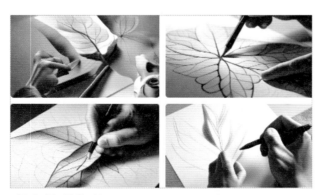

전문 용어를 사용한 경우

> 이렇게 써보세요!

나뭇잎 위에 종이를 대고 연필로 문질러서 무늬나 그림을 그려줘(전문 용어 미사용)

전문 용어를 사용하지 않은 경우

▶ 프로타주(frottage)란 나뭇조각이나 나뭇잎, 시멘트 바닥, 기타 요철이 있는 물체에 종이를 대고 색연필, 크레용, 숯 따위로 문질러 거기에 베껴지는 무늬나 효과 따위를 응용한 회화 기법을 말합니다.

하면 된다! 〉 표준국어대사전에서 전문 분야 용어 찾기

'전문 용어를 잘 모르는데 어떻게 검색하지?' 이젠 걱정하지 마세요! '전문 분야 용어'를 찾을 수 있는 기능이 사전에 있습니다. 간단한 설정만으로도 의도한 대로 분류되어 전문 용어를 쉽게 찾을 수 있습니다.

1. 표준국어대사전에서 [자세히 찾기]를 누릅니다. 검색어는 따로 입력하지 않아도 됩니다.

2. 전문 분야 선택하기

여기서는 '연필을 사용한 그림 기법'이라는 뜻을 가진 용어를 찾아 보겠습니다. 먼저 [전문 분야]에서 [전문 분야 선택]을 클릭합니다. [뜻풀이]를 선택한 후 연필을 입력합니다.

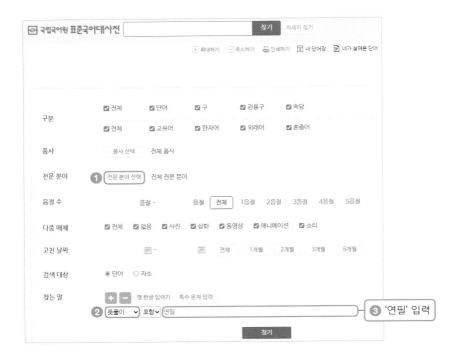

3. 다음과 같이 선택 창이 나타나면 검색할 전문 분야를 선택합니다. 여기서는 [미술]에만 체크 표시를 해두면 되겠죠? [전체 전문 분야]를 클릭해 모든 항목의 체크 표시가 해제되면 [미술]만 선택하고 [전문 분야 선택]을 클릭합니다.

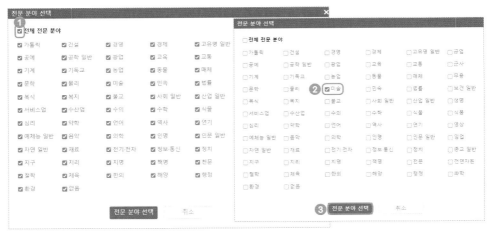

▶ [전체 전문 분야]에서 선택한 분야는 '또는'으로 묶입니다.

4. [찾기]를 누르면 결괏값이 출력됩니다.

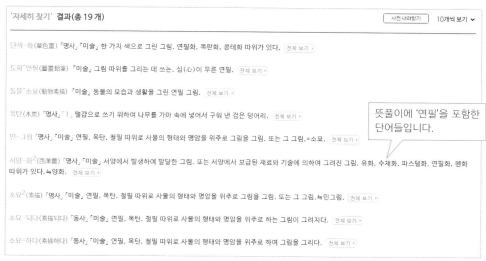

> '자세히 찾기' 결과(총 19개)　사전 내려받기　10개씩 보기 ∨
>
> 단색-화(單色畫)『명사』『미술』한 가지 색으로 그린 그림. 연필화. 목판화. 콩테화 따위가 있다. 전체 보기 ▸
>
> 도화^연필(圖畫鉛筆)『미술』그림 따위를 그리는 데 쓰는. 심(心)이 무른 연필. 전체 보기 ▸
>
> 동물^소묘(動物素描)『미술』동물의 모습과 생활을 그린 연필 그림. 전체 보기 ▸
>
> 목탄(木炭)『명사』『1』땔감으로 쓰기 위하여 나무를 가마 속에 넣어서 구워 낸 검은 덩어리. 전체 보기 ▸
>
> 민-그림『명사』『미술』연필. 목탄. 철필 따위로 사물의 형태와 명암을 위주로 그림을 그림. 또는 그 그림.=소묘. 전체 보기 ▸
>
> 서양-화²(西洋畫)『명사』『미술』서양에서 발생하여 발달한 그림. 또는 서양에서 보급된 재료와 기술에 의하여 그려진 그림. 유화. 수채화. 파스텔화. 연필화. 펜화 따위가 있다. 녹양화. 전체 보기 ▸
>
> 소묘²(素描)『명사』『미술』연필. 목탄. 철필 따위로 사물의 형태와 명암을 위주로 그림을 그림. 또는 그 그림.녹민그림. 전체 보기 ▸
>
> 소묘-되다(素描되다)『동사』『미술』연필. 목탄. 철필 따위로 사물의 형태와 명암을 위주로 하는 그림이 그려지다. 전체 보기 ▸
>
> 소묘-하다(素描하다)『동사』『미술』연필. 목탄. 철필 따위로 사물의 형태와 명암을 위주로 하여 그림을 그리다. 전체 보기 ▸

> 뜻풀이에 '연필'을 포함한 단어들입니다.

▶ [미술], [불교], [역사]에 체크 표시해도 3가지 키워드 조건을 모두 충족하는 단어가 나오지 않습니다. 키워드마다 뜻풀이에 '연필'을 포함하는 단어만 등장하기 때문이니 이 점을 유의하세요.

표준국어대사전의 다중 매체 기능으로 뜻을 이해해 보세요!

전문 용어는 아무리 자세히 설명해도 이해하기 어려운 경우가 많습니다. 이때 그림, 영상, 오디오 등으로 설명하는 '다중 매체' 기능을 활용하면 훨씬 더 정확하고 직관적인 정보를 제공받을 수 있습니다. 다중 매체 기능을 사용하면 사용자는 이미지를 더 생생히 그릴 수 있게 되고 보다 정확한 프롬프트를 작성할 수 있습니다.

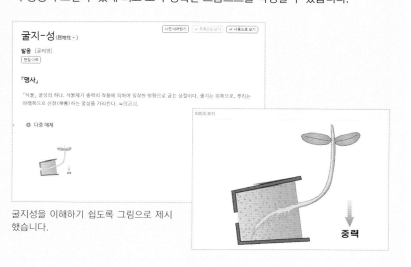

굴지-성(屈地性 ▾)　사전 내려받기　✔목록으로 보기　✔내용으로 보기

발음 [굴찌썽]
[편집 이력]

『명사』
『식물』굴성의 하나. 식물체가 중력의 작용에 의하여 일정한 방향으로 굽는 성질이다. 줄기는 위쪽으로, 뿌리는 아래쪽으로 신장(伸長)하는 굴성을 가리킨다. 녹밑굴성.

⊕ 다중 매체

이미지 보기

중력

굴지성을 이해하기 쉽도록 그림으로 제시했습니다.

고유어, 한자어, 외래어를 적절히 사용하기

먼저 고유어, 한자어, 외래어 각각의 특징을 알아보겠습니다.

우선 **고유어**는 '새하얀', '훨훨' 등 감각어가 발달했습니다. 83쪽 감각적 묘사에서도 언급했듯이 의성어나 미각어는 추상성이 짙어서 구체적으로 표현하기 어렵습니다. 또한 고유어는 '뭉클한', '애틋한'과 같이 감정어도 발달했는데, 감정은 이미지로 나타내기 어려워서 감정 관련 고유어는 추상성이 더 짙다고 할 수 있습니다. 따라서 감정을 드러내는 고유어를 사용할 때에는 너무 추상적으로 표현하지 않도록 주의해야 합니다.

> **이렇게 써보세요!**
>
> 새하얀 날개를 달고 새까만 밤하늘을 훨훨 날아가는 천사

뤼튼   빙 이미지 크리에이터   캔바

'마음에 거짓이나 꾸밈이 없이 바르고 곧은 사람'을 한자어로 '정직(正直)한 사람'이라고 하죠? 이처럼 **한자어**는 대체로 고유어에 비해 같은 의미를 더 적은 글자 수로 표현할 수 있다는 점이 특징입니다. 그래서 한자어는 뜻을 간결하고 정확하게 표현해야 하는 전문 용어에서 사용합니다. 이번에는 한자어 '온습(溫濕)'을 프롬프트에 활용해 보겠습니다.

▶ '온습하다'는 '따뜻하고 축축하다'라는 의미입니다.

이렇게 써보세요!

온습(溫濕)한 숲속, 길섶에 장작(長斫)을 나르는 나귀와 목수(木手)

| 뤼튼 | 빙 이미지 크리에이터 | 캔바 |

▶ '길의 가장자리'라는 뜻의 '길섶'처럼 적은 단어 수로 의미를 잘 전달하는 고유어도 있습니다.

한편 **외래어**는 99쪽에서 설명했듯이 고유어, 한자어보다 더 명확한 뜻을 나타냅니다. 그뿐만 아니라 킬로그램이나 센티미터처럼 국제적으로 통용되는 단어가 많아서 프롬프트에 사용하면 대부분의 AI 모델이 잘 알아듣는다는 장점이 있습니다.

이렇게 써보세요!

한 손에 가방을 들고 흰색 원피스를 입고 흰 구두를 신은 20대 여자를 그려줘

| 뤼튼 | 빙 이미지 크리에이터 | 캔바 |

▶ 우리가 흔히 사용하는 가방은 네덜란드어 'kabas'에서 유래했고, 원피스는 영어 'one-piece', 구두는 일본어 'kutsu'에서 유래한 외래어입니다.

03-6

프롬프트 완성도를 높이는 필살 검증법

프롬프트를 쓸 때 좀 더 명확한 결괏값을 얻을 수 있는 필살 검증법을 소개합니다. 프롬프트 검증은 원하는 이미지가 나올 때까지 무작정 AI를 돌리는 것이 아닙니다. 작성한 프롬프트에서 어느 부분에 문제가 있는지 정확하게 집어내고 보완하여 더욱 완성도 높은 프롬프트로 거듭나게 하는 방법입니다.

번역을 이용해서 검증하기

뤼튼, 달리, 캔바 등은 GPT나 하이퍼클로바 등 트랜스포머 모델을 사용합니다. 이런 인공지능은 기계 번역을 할 때 소스 언어인 한국어를 인코더(encoder)를 통해 압축하고 디코더(decoder)에서 타깃 언어인 영어로 번역합니다. 이미지 생성 AI의 해석값이 영어인 이상 번역 검증법을 활용하면 프롬프트를 사용하는 것이 매우 쉬워집니다.

▶ 인코더란 데이터(번역할 한국어)를 컴퓨터가 이해할 수 있는 형태로 변환하는 하드웨어 또는 소프트웨어를 말합니다. 반대로 디코더는 인코딩된 정보(컴퓨터 언어로 변환된 한국어)를 읽고 해독하는 하드웨어 또는 소프트웨어를 말해요.

하지만 번역 검증에도 치명적인 단점이 3가지 있는데요. 첫째, 파파고나 구글 번역기 역시 완벽하지 않다는 것입니다. 둘째, 영어를 잘 모르면 어디에 문제가 있는지 알 수 없습니다. 마지막으로 대응어는 한 번에 확인할 수 있으나 대응어가 있는데도 오역된 경우에는 검증할 수 없습니다. 무슨 말인지 앞서 언급했던 '새참'을 예시로 들어 살펴볼게요.

농부들이 둘러앉아 새참을 먹는다.
→ We sat around and ate bird cham.

▶ 구글 번역에서는 새참을 신입 또는 신참(newcommer)으로 번역합니다.

오역한 단어를 확인해 보면 '새참'을 번역하지 못했다는 것을 알 수 있습니다. 결국 '새참'과 같이 영어로 번역할 수 없는 고유어 성격의 단어는 검증할 수 없는 것이죠. 흠, 그렇다면 이런 경우에는 어떤 검증법을 사용해야 할까요? 이어서 다른 검증법도 알아보겠습니다.

단어 분석을 이용해서 검증하기

같은 단어를 사용해도 A 문장은 그럴듯하게 그림으로 나오는 반면, B 문장은 완전히 다른 값이 나올 수 있습니다. 이때 AI가 어떤 단어를 인식하지 못하는지 정확히 검증해야 하는데, 그 방법을 단계별로 알아보겠습니다.

[1단계] 의심이 드는 단어를 포함하는 프롬프트 작성하기

이렇게 써보세요!

농부/일꾼들이 둘러앉아 새참을 먹는다.

| 뤼튼 | 빙 이미지 크리에이터 | 캔바 |

생성된 세 이미지 모두 큰 문제는 없어 보입니다. 토큰 단위로 해석하는 AI 모델의 특성상 '농부들이 둘러앉아 ~을 먹는다'라는 문장만으로도 이런 그림이 충분히 나올 수 있다고 유추할 수 있을 테니, 다음 단계로 넘어가 보겠습니다.

[2단계] 작성한 프롬프트에서 의심이 드는 단어를 고르고 검증하기

AI가 새참이라는 단어를 아는지 의심이 들어 '새참'이라는 단어 자체를 검증해 보았더니 '새참'이 아닌 '참새'가 무엇을 먹는 모습만 등장했습니다. 캔바에서 나타나는 '음식' 그림은 그럴듯해 보이지만 반복되는 글자인 'newmembers', 즉 '신참'으로 해석한 것으로 추측됩니다.

이렇게 써보세요!

ⓐ 새참을 먹는다.

ⓐ는 책에서 설명하기 위해 넣은 구분 기호이니 실습 땐 넣지 마세요!

뤼튼   빙 이미지 크리에이터   캔바

그렇다면 AI는 맥락으로 '새참'을 다르게 이해하는 것일까요?

[3단계] 주어를 바꾸어 단어 검증하기

이번에는 '새참'이란 뜻에 힌트가 될 수 있는 '농부/일꾼'이라는 주어를 추가해 볼게요. ⓑ 문장은 ⓐ 문장에서 주어를 넣은 것만으로도 확연히 달라진 이미지를 보여줍니다. 이 문장은 해당 단어(새참)의 뜻에 결정적 힌트가 되는 단어(농부/일꾼)를 사용할 때 발생할 위험성을 검증하고자 제시한 것입니다. 이미지에서 '참새' 또는 '참깨와 같은 씨앗'을 먹는 장면이 반복해서 생성됩니다.

ⓑ 농부/일꾼들은 새참을 먹는다.

뤼튼   빙 이미지 크리에이터   캔바

마지막으로, ⓒ 문장은 기존 문장과 같은 문장 성분(주어 + 목적어 + 서술어)을 갖추되, '새참'에서 '농부/일꾼'이라는 의미를 제거한 경우입니다. '사람들'이라는 주체의 명확성을 더해 문장 전체에 영향을 미치지 않을 최소한의 힌트를 주게끔 만들었습니다. 또한 '먹는다'라는 단어를 빼고 새참에 영향을 줄 수 있는 음식이라는 힌트도 모두 제거했습니다. 그랬더니 다음과 같은 결과가 나왔습니다.

ⓒ 사람들은 새참을 위해 모였다.

뤼튼   빙 이미지 크리에이터   캔바

3단계까지 거친 결과 AI는 '새참'이라는 단어를 이해하지 못한 것으로 결론을 내릴 수 있습니다. 그리고 AI의 능력이 문장의 모든 뜻을 이해하는 것이 아니라 맥락을 살펴서 단어를 연결하는 수준에 그친다는 사실도 알아냈습니다. 다음 프롬프트처럼 단어의 조합만으로도 오른쪽의 이미지가 만들어진 것처럼요.

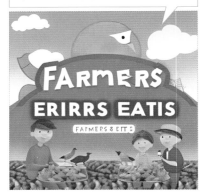

프롬프트 내용이 모두 이미지로 표현되면서 텍스트로도 보여 주었네요!

프롬프트	농부들, 새참 → 참새(오역), 먹는다.

그렇다면 '새참'의 의미를 제대로 보여 주는 이미지를 만들 수는 없을까요? 아주 간단한 해결 방법이 있습니다. 다음 2가지 방법을 참고해 보세요!

방법 1. 상위어 사용하기
'새참'의 중심 의미는 '음식' 카테고리에 속하므로 상위 개념인 '음식'을 넣어서 문장을 만듭니다.

이렇게 써보세요!

농부들이 둘러앉아 **음식**을 먹고 있다.

뤼튼   빙 이미지 크리에이터   캔바

방법 2. 단어 뜻풀이 사용하기

단어의 뜻을 그대로 풀거나 주변부의 의미를 더해 프롬프트를 만듭니다.

> **이렇게 써보세요!**
>
> 농부들이 논두렁에 둘러앉아 **돗자리를 깔고** 술과 푸짐한 밥상 앞에서 식사하고 있다.

| 뤼튼 | 빙 이미지 크리에이터 | 캔바 |

동음이의어와 다의어도 확인하면 좋아요

AI는 표상적인 해석을 많이 하므로 **동음이의어와 다의어**를 구분하는 것이 중요합니다. 표준국어대사전에서 '새참'을 검색한 결과 '새참하다'라는 형용사 표현이 나왔습니다. 의미의 모호성을 제거하려면 AI가 문맥을 파악할 수 있도록 **최소한의 힌트**를 주어 '새참'의 뜻을 완벽히 이해하는지 검증해야 합니다. 이때 그림 묘사에서는 결정적인 힌트를 주어서는 안 된다는 점을 주의하세요.

*새뜻하다: 새롭고 산뜻하다.

이미지 검증법 진행하기

프롬프트를 작성할 때는 특정 단어가 이미지로 나타날 때의 평균값이 어느 정도일지 생각해야 합니다. 또한 해당 단어의 특징이 이미지로 어떻게 나타날지 알아야 그림을 정확하게 묘사할 수 있습니다. 03-4절에서 복합어를 설명할 때 사용했던 해바라기 예시로 이미지 검증법을 소개하겠습니다.

[1단계] 이미지 검색 사이트에서 이미지값 찾기

구글, 셔터스톡, 픽사베이 등 이미지 검색 사이트에 접속해 보세요. 이런 사이트에는 이미지값이 다양하게 있고 이미지마다 키워드로 라벨링되어 있기 때문에 대상의 세부 특징을 파악하기 좋습니다.

다음은 구글에서 '해바라기'를 검색해서 얻어 낸 값입니다. 평균 이미지는 우리가 흔히 생각하듯 길게 뻗은 줄기에 꽃이 피어 있는 모습입니다.

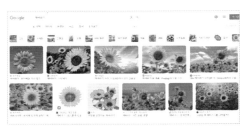

구글에서 '해바라기' 검색하기

셔터스톡에서 '해바라기' 검색하기

이처럼 이미지 사이트에서 검색해 나온 평균 이미지를 참고하여 대상이 생성될 모습을 프롬프트로 작성하는 것이 이미지 검증의 첫 번째 단계입니다.

[2단계] 전문 지식 등 대상에 관한 자세한 정보를 얻어 정리하기

이미지 사이트를 참고했는데도 원하는 결과물을 얻지 못했나요? 그렇다면 세세한 정보를 파악하기 위해 전문 지식을 검색해서 정리해 보세요. 다음은 해바라기의 정의부터 구조까지 샅샅이 분석한 내용입니다.

해바라기의 정의와 구조

❶ 꽃이 둘 이상 모여 있으며(가운데는 설상화, 가장자리는 관상화), 꽃잎 한 장이 꽃인 통꽃이다.

❷ 꼭대기에서 줄기가 갈라져 나와 꽃이 여러 개 달려 있는 형태이다.

❸ 쌍떡잎식물로 줄기가 굵다.

❹ 일반적인 줄기와 다르게 곧게 서 있고 줄기보다 대에 가깝다.
   ▶ '줄기'와 '대'는 같은 의미로 표현하기도 하지만, 특히 곧고 딱딱한 부분을 '대'라고 합니다.

❺ 잎줄기(stalk)가 존재한다.

❻ 해바라기는 꽃봉오리일 때만 해를 바라보며 자라고, 나중에는 고개가 동쪽으로 고정되어 자란다.

전문 지식에서 정의한 해바라기의 모습

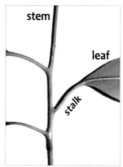

해바라기의 구조

어떤가요? 해바라기는 주위에서 흔히 볼 수 있지만 그동안 몰랐던 정보들이 너무 많죠? 특정 대상을 표현할 때 정보를 최대한 세세하게 입력해 주면 좋습니다.

[3단계] 이미지에 영향을 미칠 수 있는 변수 정리하기

해바라기의 정의와 구조를 구체적으로 살펴보았으니 90° 꺾인 해바라기 이미지를 만들어 봅시다. 이때 이미지에 나타날 수 있는 모든 변수를 정리하고 대응해야 합니다.

이미지에 나타날 변수 대응하기

1. '해'의 특성 이용하기
   • 해바라기의 특성인 '횡굴성', '굴지성' 등 전문 용어를 활용합니다.
   → 꽃이 정면을 보는 것까지 성공했으나 꺾어지지 않았습니다.

2. 해바라기 어원 분석하기
   • AI가 복합어인 '해바라기'의 의미를 파악할 때 형태소를 제대로 분석하지 못할 수 있다는 것을 인지합니다.　　　　　　　　　　　　　▶ 03-4절 복합어 관련 내용 참고

3. AI가 학습하지 않은 단어의 경우 주변부 의미 더하기
  • AI가 미처 해바라기의 구조와 관련된 용어들을 학습하지 못했을 수도 있습니다. 이때 대체할 상위어나 주변부 의미를 더해 최대한 표현해야 합니다.

4. 해바라기 모양새 바꾸기
  • 해바라기 이미지에서 '줄기'라는 표현을 쓸 때, 줄기에 붙은 잎이 90도로 꺾인 그림이 빈번하게 등장하고 있습니다. 그렇다면 혹시 해바라기의 '줄기'의 형태에 문제를 해결할 실마리가 있을 것입니다.
  • 번역 검증과 단어 검증을 이용해 '줄기'에 대한 대응어의 차이를 찾아야 합니다. '줄기'의 영어 표현으로 stem과 stalk이 있는데, stem은 주로 '가는 줄기', stalk은 '잎줄기' 혹은 단단한 '대'를 의미합니다. stem을 이용할 시 잎이 붙어나오니 stalk을 사용해서 해바라기의 직각 혹은 90도를 형성해야 합니다.
  • 한국어로 잘 안된다면 angle, degree, perpendicular, angulated 등 직각이나 90도를 표현할 수 있는 다양한 표현들을 모아 문장을 만들어 단어를 검증합니다. 영어 단어의 경우 한국어로 뜻이 같더라도 어감 또한 중요한 요소로 작용할 수 있습니다.

[4단계] 프롬프트 작성 마무리하기

3단계까지 검증을 모두 마쳤다면 이제 프롬프트 내용을 가장 잘 반영하는 AI 모델을 찾아야 합니다. 해바라기 예시에서는 세세한 부분까지 잘 살리는 달리를 사용했습니다. 마지막으로, 확인한 정보를 모아 프롬프트를 만듭니다. 다른 검증법은 각각 AI의 한계로 실패했으나, 이번만큼은 앞서 실패한 결과들과 그 간 익힌 검증법을 통해 '줄기', '90도'처럼 이미지에 영향을 미치는 단어의 대응어를 찾아내고 수정하여 다음과 같은 프롬프트를 만들어 냈습니다.

프롬프트 예시	줄기 모양을 변형하는 방식 The stalk of the sunflower has been turned 90 degrees, strictly follow the prompt, longshot+fullshot+wideshot
생성한 이미지	

> 해바라기 줄기가 완벽하게 직각으로 꺾이지 않았어요.
> 실사이다 보니 줄기가 꺾이는 부분이 곡선으로 표현된 것으로 보입니다.

AI는 끊임없이 발전하고 있다!

이미지 생성 AI는 지금도 꾸준하게 업데이트되고 있습니다. 03-4절과 앞서 다뤘던 예시에서 '90°로 꺾인 해바라기 그려줘'라고 요청하면 이 책을 집필하던 10월에만 하더라도 다른 이미지 생성 AI들은 제대로 그려 내지 못했습니다. 하지만 최근 업데이트된 달리에서는 우리가 원하는 이미지를 정확하게 생성해 냅니다. 또한, 뤼튼, 캔바 등은 짧은 단어를 나열하거나 추상성, 스타일 추가 등과 같이 저마다 특색 있는 부분을 강화했습니다.

뤼튼은 기본 이미지 스타일을 일러스트로 바꿨으나, 색채를 언급하거나 암시하지 않은 인물 프롬프트는 흑백 사진으로 생성해 내는 경향이 있습니다. 프롬프트 글쓰기 반영도가 예전보다 떨어졌으나 사진 품질과 화질 등은 향상되었습니다.

프롬프트	방망이를 들고 타석에 선 타자, 뒤에는 포수가 앉아 있다.
생성한 이미지	

캔바는 스타일 업데이트로 변동이 잦지만, 스타일 반영의 정확도를 높이는 방향으로 진화하고 있습니다.

시기(2023년)	스타일 개수(개)	설명
2월	6	개념 미술, 사진, 회화, 드로잉, 3D, 패턴
3월	20	
6월	19	컬러풀해지고 개념 미술이 사라짐
8월	18	일본 애니메이션, 레트로 스타일 애니메이션 → 애니메이션으로 통합

달리는 2023년 10월에 새 버전인 달리3(DALL-E3)를 출시했습니다. 달리를 사용하던 **빙 이미지 크리에이터** 또한 달리3를 지원합니다. 이뿐만 아니라 유료 버전 챗GPT를 사용해도 달리3를 사용해 볼 수 있습니다. 기존에는 일방적인 명령으로 이미지를 만들었지만, 이제 대화를 통해 이미지를 만들 수 있게 된 것이죠.

DALL-E3 버전의 특징
1. 챗GPT(유료 버전)와의 연동으로 프롬프트 제작 및 활용이 쉬워졌습니다.
2. 다양한 언어 사용에 있어 번역 문제가 감소했습니다.
3. 문맥 파악에 있어 정확도가 향상되었습니다.
4. 생성된 이미지 중 하나를 선택해 연속적인 이미지 수정이 가능합니다(이미지 비율 수정도 가능).
5. 유명 작가나 살아있는 작가 화풍 모방 금지, 연예인 등 유명인 초상권 보호, 혐오감을 조성하거나 성적인 표현 검열 강화 등 저작권, 윤리 문제가 강화되었습니다.
6. 이미지 속에 표현되는 문자의 정확도와 연속 동작 표현력이 향상되었습니다(모션 블러 등).

이번 장에서 계속 언급했듯이 이미지 생성 AI들도 각각 하나의 제품이므로 시장 경쟁력을 갖추려면 자신만의 특색과 전문성이 있는 방향으로 발전할 가능성이 큽니다. 그렇다면 AI마다 어떤 특징이 있는지를 모두 알아야 할까요?

글쎄요, 저는 결국 '글쓰기'가 이런 AI 발전에도 흔들리지 않는 중요한 기술이 될 것이라 생각합니다. AI가 아무리 좋게 발전하더라도 사용자가 원하는 이미지로 만들지 못한다면 그저 재미있는 도구로 전락할 것입니다.

앞으로 AI가 어떤 방향으로 진화할지 아무도 모르지만, 텍스트 투 AI(Text to AI)라는 본질에서 벗어나지 않는 한 프롬프트 작성법을 계속해서 연구하면서 그 해답을 찾아내기 위해 노력해야 할 것입니다.

보너스

알면 도움되는
프롬프트 작성 보조 도구

텍스트 투 이미지 생성 AI가 계속 생겨나면서 프롬프트 소스를 제공하는 프롬프트 빌더 사이트가 등장했습니다. 프롬프트 빌더 사이트에서는 프롬프트를 이미지 생성 AI 모델에 맞게 작성해서 제공해 줍니다. AI 모델마다 이미지를 생성하는 설정 방법이 다르기 때문인데요. 아트 스타일, 주제, 아티스트 등 사용자가 설정한 대로 프롬프트를 만들고, 그 결과값으로 이미지를 만들어 낼 수 있는 것이죠. 프롬프트 작성이 처음이라 익숙하지 않아 참고할 것이 필요하거나, 유료 모델을 사용해야 하는데 프롬프트 글쓰기에 부담을 느낀다면 프롬프트 빌더 사이트를 방문해 보세요. 프롬프트를 좀 더 효과적으로 만들어 주는 프롬프트 빌더 사이트 3곳을 소개합니다.

1. 프롬프트 히어로

프롬프트 히어로는 관심 있는 키워드와 관련된 실제 사용자들의 프롬프트와 그림을 무료로 제공합니다. 사용 방법은, 검색 창에 원하는 키워드를 입력하여 마음에 드는 예시 그림을 클릭한 뒤 자세한 프롬프트를 참고하면 됩니다. 예시는 인기순, 최신순 등 다양한 조건으로 검색할 수 있습니다. 또한 좋아하는 프롬프트에 직접 투표하는 업보팅(upvoting) 시스템을 통해 최고 품질의 프롬프트를 제공받을 수 있습니다.

프롬프트 히어로의 최대 장점은 실제로 사용한 예시를 통해 실전 프롬프트 글쓰기를 연습할 수 있고 모델별 특징을 쉽고 정확하게 학습할 수 있다는 것입니다.

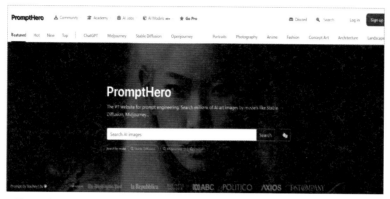

프롬프트 히어로 웹 사이트(prompthero.com)

2. 드로잉 프롬프트

드로잉 프롬프트는 프롬프트 문장 예시를 키워드에 맞춰 랜덤으로 제시해 주는 사이트입니다. 사이트에서 제공하는 다양한 예시 중에서 생각한 주제와 가장 가까운 단어를 선택하고 [Create New Prompt]를 클릭하면 프롬프트 예시가 생성됩니다.

드로잉 프롬프트는 다양한 드로잉 아이디어를 반영한 구체적인 프롬프트를 무한정 얻을 수 있다는 게 장점입니다. 이미지에 표현되는 다양한 요소를 카테고리로 만들어 여러 항목으로 나누어 제시해 줍니다.

드로잉 프롬프트 웹 사이트(drawingprompt.com)

3. 프레이저 테크

프레이저 테크는 미드저니, 달리, 스테이블 디퓨전에 특화된 정밀한 프롬프트를 생성해 줍니다. 모델 몇 가지를 클릭하면 무작위로 생성되는 이미지와 프롬프트를 사용하면 됩니다. 단, 모델별로 크레딧의 가격이 다르다는 것에 유의해야 합니다.

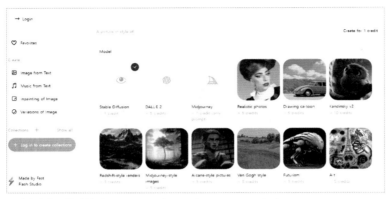

프레이저 테크 웹 사이트(phraser.tech/builder/image_generation)

이처럼 프롬프트 빌더를 사용하면 프롬프트를 작성하는 시간을 절약할 수 있습니다. 이어서 다음 질문을 받았을 때 여러분은 어떻게 대답할지 생각해 봅시다.

"프롬프트를 만들어 주는 웹 사이트가 많은데 내가 직접 작성하는 것이 과연 의미가 있을까?"

이렇게 생각해 봅시다. 글의 아이디어만 제공해도 돈을 벌 수 있는 시대가 온 건 맞습니다. 하지만 프롬프트 빌더는 단순히 아이디어를 제공하는 것에 지나지 않습니다. 추가 글쓰기 없이 예시 프롬프트를 그대로 가져다 사용한다면 여러분의 프롬프트 실력을 높이는 데 아무런 도움이 되지 않을 것입니다.

다시 말해, 프롬프트 빌더의 올바른 사용법은 모방을 통해 자신만의 프롬프트 글쓰기 실력을 향상하는 데 있습니다. 이미지를 대량 생산하기 위한 목적이 아니라는 것입니다. 이제 여러분만의 생각을 담은 프롬프트 글쓰기에 도전해 보세요. 이것이 바로 좋은 프롬프트 글쓰기를 시작하는 첫 단추입니다.

04

카테고리별로 살펴보는
프롬프트 예제

이번 장에서는 앞에서 배운 프롬프트 글쓰기에 디자인/그림에 맞게 키워드를 적용하는 노하우를 배워봅니다. 어떤 키워드를 넣을지 막막해도 이젠 걱정하지 않아도 됩니다. 로고, 일러스트, 이모티콘, 패턴 등 각각의 디자인에 맞는 키워드와 프롬프트를 이 책에서는 모두 제공하기 때문이죠!

04-1
프롬프트에서 키워드가 중요한 이유

AI에게 이미지를 어떻게 그려 내라고 요청할 때는 먼저 기본 문장을 작성한 뒤 **표현 방법**과 관련된 키워드를 하나씩 덧붙이기만 하면 극적인 효과를 낼 수 있습니다. 프롬프트에 **장면을 표현하는 키워드**를 넣어 보며 그 차이를 살펴보겠습니다.

이렇게 써보세요!

장면을 서술합니다.

그는 혼자 어두운 방에 앉아 있었다. 촛불의 빛이 그의 얼굴에 희미하게 비쳤다. 그는 창밖을 내다보고 있다. 창밖의 거리에는 눈이 많이 쌓여 있었다.

장면 서술에 이어 장면 두 종류를 표현하는 키워드까지 구체적으로 넣어 보았습니다.

이렇게 써보세요!

그는 혼자 어두운 방에 앉아 있었다. 촛불의 빛이 그의 얼굴에 희미하게 비쳤다. 그는 창 밖을 내다보고 있다. 창밖의 거리에는 눈이 많이 쌓여 있었다. 수채화 스타일로 hyper detailed

수채화, hyper detailed

사진, best quality

표현 방법 키워드(수채화, 사진)에 따라 이미지가 어떻게 달라졌는지 한눈에 보이죠? 장면에 대한 상황 설명만 있는 프롬프트는 AI가 그 장면을 그림으로 그려줄지, 실제 사진처럼 만들어 줄지 알 수 없습니다. 사용자가 언급하지 않은 부분에 대해서는 AI가 그때그때 임의로 이미지를 만들어 내기 때문입니다. 따라서 프롬프트에 표현 방법을 나타내는 키워드를 덧붙여 주는 것은 우리가 원하는 이미지를 만들어 내는데 아주 큰 도움이 됩니다.

04-2

아이콘/로고

아이콘과 로고는 고객의 기억 속에 회사나 브랜드의 인상을 남기고 서비스, 제품 등의 메시지를 전달하는 시각적인 상징물입니다. 따라서 회사나 브랜드의 정체성과 일관성을 표현하는 것이 핵심입니다.

아이콘이나 로고를 만들 때에는 글자, 형태, 색상, 심벌 등의 디자인 요소를 고려해야 합니다. 전체 형태를 글자(워드마크)나 이미지(심벌) 중 하나만 사용해서 표현할지 또는 둘 다 사용(엠블럼)해서 표현할지 결정하면 됩니다. 이 외에 마스코트를 사용하거나 모노그램, 추상 표현 등으로도 아이콘과 로고를 만들 수도 있습니다.

달리 또는 프롬 AI를 활용해서 로고를 만들어 보세요!

대부분의 이미지 생성 AI는 글자를 그림으로 잘 표현하지 못합니다. 하지만 달리3, 프롬 AI를 활용하면 로고, 엠블럼, 워드마크를 빠르게 제작할 수 있습니다. 2023년 10월 공개된 달리3에서는 로고에 들어갈 텍스트를 프롬프트에 추가하면 됩니다.

달리3를 이용해 만든 워드마크형 로고

더 다양한 로고 예시를 보려면 이지스퍼블리싱 IT 블로그의 게시글(bit.ly/easys_GAI)을 참조하세요!

다음 템플릿을 참고해서 아이콘/로고 이미지를 디자인하는 프롬프트를 작성해 보겠습니다.

프롬프트 템플릿

쪼개기	**주제** 회사가 제공하는 가치, 서비스, 제품, 메시지 **요소** 형태, 색상, 심벌 　• 회사 로고가 어떤 모양이었으면 좋겠는지를 작성합니다. 　• 심벌은 회사를 상징하는 그림을 의미합니다. 　　예 애플의 사과, SK의 나비 등
구체화하기	쪼개기에서 정한 요소들을 이용해 구체적인 문장으로 로고를 설명합니다.
키워드	예 심벌, 마스코트, 모노그램, 추상 등 • 로고를 그릴 때 사용할 소재와 표현 방법 　예 minimalist: 최소한의 요소로 단순하게 표현 　　sticker design: 스티커 형태의 단순한 디자인 　　metallic material: 금속 재질 　　flat design: 색상과 구성이 단순하면서도 직관적 디자인 　　1900's vintage mark: 1900년대 빈티지한 느낌이 나는 상표 　　embossed intaglio: 양각/음각 표현 　　　　〔바로 활용할 수 있는 키워드는 셋째마당을 참고하세요!〕

⬇

프롬프트	'구체화하기'와 '키워드'를 더해 프롬프트를 완성하세요.

하면 된다! ⑉ 축구 국가 대표 팀의 로고 만들기

축구 국가 대표 팀의 로고를 상상한 후 들어갈 요소를 적어 보세요.

쪼개기	**주제** 축구 국가 대표 팀 운영 단체 **요소** 방패 모양, 흰색과 빨간색, 호랑이
구체화하기	• 검은색 테두리, 흰 색상의 방패 모양 • 방패에는 빨간색과 흰색으로 표현한 호랑이 얼굴

키워드	마스코트, flat design

프롬프트	축구 국가 대표 팀을 운영하는 단체의 로고. 검은색 테두리, 흰 색상의 방패 모양. 방패에는 빨간색과 흰색으로 표현한 호랑이 얼굴. 마스코트 로고. flat design The logo of the organization that runs the national soccer team. Shield shape in white color with black border. The face of a tiger is expressed in red and white on the shield. mascot logo. flat design

▶ 현재 인공지능은 대부분 영미권에서 개발되었기 때문에 프롬프트를 영어로 입력했을 때 더 잘 이해하는 경향이 있습니다. 한글로 프롬프트를 작성했을 때 이미지 생성 AI가 엉뚱한 그림을 생성한다면 단어를 바꾸거나 영어로 바꿔서 작성해 보세요. 그러면 원하는 이미지가 더 잘 나온답니다.

뤼튼

미드저니

빙 이미지 크리에이터

하면 된다! ⟩ 재활용 회사의 로고 만들기

재활용 회사의 로고를 만든다면 어떤 요소를 넣으면 좋을까요? 머릿속에 떠오르는
형태나 모양, 어울릴 만한 색을 적어 보세요.

쪼개기	**주제** 자원 재활용, 환경 보호 **요소** 육각형, 짙은 녹색과 파란색, 지구
구체화하기	• 육각형 모양의 로고 • 짙은 녹색과 파란색을 사용해서 지구를 표현
키워드	심벌마크, sticker design

프롬프트	자원 재활용으로 환경을 보호하는 회사의 로고. 짙은 녹색과 파란색을 사용한 육각형으로 지구를 표현해 줘. symbol mark. Sticker design. Logo of a company that protects the environment by recycling resources. The earth is represented by hexagons using dark green and blue. symbol mark. Sticker design.

뤼튼

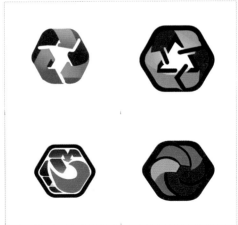

미드저니   빙 이미지 크리에이터

하면 된다! ⟩ 피자 가게의 로고 만들기

이번에는 피자 전문점의 로고를 만들어 보겠습니다. 음식점의 로고 역시 이미지에
표현하고 싶은 요소를 구체적으로 써주면 좋습니다.

쪼개기	**주제** 피자 **요소** 원(피자 도우), 신선한 토핑, 요리사 모자
구체화하기	• 피자 도우를 원으로 형상화 • 토핑(올리브, 피망, 햄) • 피자 도우 가운데 요리사 모자
키워드	추상, minimalist

⬇

프롬프트	피자 음식점의 로고. 피자 도우와 신선한 재료(올리브, 피망, 햄)를 추상화. 피자 도우 가운데 요리사 모자. 추상 표현 minimalist 로고. Pizza restaurant symbol logo. Abstract pizza dough and fresh ingredients (olives, bell peppers, ham). Chef's hat in the middle of pizza dough. minimalist logo.

뤼튼

미드저니

달리

하면 된다! } 전기 자동차 브랜드의 로고 만들기

회사의 이미지를 연상시키는 동물을 활용해도 좋습니다. 속도감을 강조하는 전기
자동차를 표현하기 위해 키워드에 말을 넣어 보겠습니다.

쪼개기	**주제** 전기 자동차 **요소** 마름모, 은색(크롬), 빠름, 역동, 전기, 말	
구체화하기	• 테두리는 다이아몬드 모양 • 번개처럼 달리는 말	• 은색 크롬 재질
키워드	심벌마크, metallic material	

프롬프트	전기 자동차를 생산하는 회사의 로고. 테두리는 다이아몬드 모양. 은색 크롬 재질. 심벌은 번개처럼 달리는 말. metallic material 심벌마크 로고. The logo of a company that produces electric vehicles. The border is diamond-shaped, silver chrome material, the symbol is a horse running like lightning, metallic material symbol mark logo.

뤼튼

미드저니

빙 이미지 크리에이터

하면 된다! ﹜ 농산물 상표 만들기

농산물의 상표를 통해 소비자에게 신뢰감을 보여 주는 것이 목표라면 너무 단순하거나 귀여운 디자인보다 실제 농산물이 연상되는 이미지와 색감을 사용하는 것이 좋습니다. 이럴 때는 표현 키워드를 다음과 같이 구체적으로 지정해 보세요.

쪼개기	주제 버섯
	요소 신뢰, 친환경, 영양가, 무농약
구체화하기	• 무농약으로 재배한 버섯 • 밝은 녹색으로 높은 영양가 표현 • 친환경 공식 인증
키워드	심벌마크, realistic, 1900's vintage mark, cross-hatching

프롬프트	버섯 농산품 로고. 무농약으로 재배한 버섯. 밝은 녹색으로 높은 영양가 표현. 친환경 공식 인증. 심벌마크 스타일. realistic, 1900's vintage mark, cross-hatching Mushroom agricultural product logo. Mushrooms cultivated without pesticides. high nutritional value expressed in bright green color. eco-friendly official certification. Symbol mark style. realistic. 1900's vintage mark. cross-hatching.

뤼튼

미드저니

빙 이미지 크리에이터

04-3

이모티콘 / 캐릭터 디자인

이모티콘은 메신저에서 사용하는 시각 디자인입니다. 메신저에서 이모티콘을 사용하면 상대방의 얼굴을 보면서 대화하지 않아 텍스트만으로 표현하지 못하는 감정을 쉽게 전달할 수 있습니다. 따라서 이모티콘을 제작할 때는 '시선을 끌고 인상에 남을 재밌는 모양'과 '전달할 감정'을 분명하게 정해야 합니다. 또한 감정과 잘 어울리는 색감을 선택하는 것도 중요합니다.

캐릭터 디자인도 이모티콘 디자인과 유사합니다. 차이점이 있다면 게임이나 스토리에 등장하는 캐릭터에 개성을 부여한다는 것입니다. 캐릭터의 시각적 특징을 설정해 이미지를 만들면 작가가 의도한 캐릭터의 성격을 간접적으로 표현할 수 있습니다.

▶ 셋째마당에서 감정, 소재, 질감에 대한 키워드를 참고하세요!

이모티콘이나 캐릭터를 디자인할 때 사용하는 표현 방법에는 크게 2D와 3D가 있습니다. 2D는 캐릭터를 평면적으로 표현하며, 캐릭터의 개성을 나타내기 위해 요소를 과장하거나 오히려 생략합니다. 3D는 캐릭터를 입체적으로 표현하며, 2D처럼 캐릭터가 두드러지도록 요소를 수정할 수도 있고 반대로 극사실적으로 표현하기도 합니다.

좀 더 세부적으로 표현할 수 있는 요소에는 소재, 비례, 색상, 디테일(의상, 장신구, 동작, 표정) 등이 있는데, 다음 예시를 통해 자세히 살펴보겠습니다.

프롬프트 템플릿

쪼개기	주제 이모티콘/캐릭터 요소 외모, 시선을 끄는 포인트(개성), 감정, 성격, 색채, 성격, 비례, 디테일 (의상, 장신구, 동작, 표정)
구체화하기	• 시선을 끄는 포인트: 캐릭터의 개성, 행동을 표현 • 감정: 감정의 수준과 에너지를 조절해 표현 • 색채: 분노 → 빨강, 슬픔 → 파랑 등 관습적인 색 또는 색다른 발상으로 표현 • 장신구: 개인의 개성, 성격을 드러낼 수 있는 소품을 이용해 표현
키워드	⑩ 2D, 3D, 클레이아트, 애니메이션 등

프롬프트	'구체화하기'와 '키워드'를 더해 프롬프트를 완성하세요.

하면 된다! ⟩ 인물 캐릭터 만들기

만들고 싶은 캐릭터의 외모와 옷차림을 상상하면서 프롬프트를 작성해 보세요.

쪼개기	주제 MZ 세대인 빨강머리 앤 요소 이목구비, 외모의 특징, 시선을 끄는 포인트, 색채
구체화하기	• 연령: 20대 • 이목구비: 흰 피부, 큰 갈색 눈, 작은 코, 작은 입 • 시선을 끄는 포인트: 단발머리, 주근깨, 헤드셋 • 의상: 하얀 긴팔 셔츠에 빨간 체크무늬 조끼, 검은 치마
키워드	수채화

프롬프트	인물 캐릭터 디자인, 빨간 단발머리의 20대 여성, 흰 피부에 큰 갈색 눈, 작은 코, 작은 입, 약간의 주근깨, 헤드셋을 끼고 있음, 하얀 긴팔 셔츠에 빨간 체크무늬 조끼, 검은 치마, 수채화로 표현 Character design, a woman in her twenties with short red hair, white skin, big brown eyes, small nose, small mouth, slight freckles, wearing a headset, white long-sleeved shirt, red plaid vest, black skirt, watercolor expression

뤼튼

미드저니

빙 이미지 크리에이터

하면 된다! 〉 판다 캐릭터 만들기

이번에는 귀여운 동물 캐릭터를 만들어 보겠습니다. 인물 캐릭터와 마찬가지로 캐릭터의 외형과 옷차림을 상상하면서 프롬프트를 작성해 보세요. 여기서는 표정도 함께 묘사해 보겠습니다.

쪼개기	**주제** 판다 **요소** 시선을 끄는 포인트, 감정, 색채, 캐릭터
구체화하기	• 시선을 끄는 포인트: 파란색 눈동자 • 감정: 크게 놀람 • 색: 판다(흰색과 검은색), 조끼(빨간색)
키워드	상체(middle shot), Zbrush ◁ 3D 모델링 프로그램 이름

프롬프트	판다 캐릭터 디자인, 판다의 눈동자는 파란색, 입을 벌리고 크게 놀란 표정, 빨간색 조끼를 입고 있다. Zbrush 3D modeling, middle shot panda character design, panda has blue eyes, bit, surprised expression, mouth open, wearing a red short vest, Zbrush 3D modeling, middle shot

뤼튼

미드저니

빙 이미지 크리에이터

하면 된다! 〉 고양이 캐릭터 만들기

이번에는 오토바이를 탄 고양이 이미지를 만들어 볼까요? 포인트가 될 만한 곳으로, 헬멧 바깥으로 빠져나온 귀를 좀 더 구체적으로 묘사해서 프롬프트를 작성해 보겠습니다.

쪼개기	**주제** 고양이 **요소** 시선을 끄는 포인트, 감정, 색채, 캐릭터
구체화하기	• 시선을 끄는 포인트: 모터 사이클, 헬멧 • 색: 회색(고양이 털)
키워드	3D max ◁── 3D 모델링 프로그램 이름

프롬프트	캐릭터 디자인, 모터 사이클을 타는 고양이, 고양이 털 색은 회색, 헬멧 착용, 헬멧 바깥으로 빠져나온 귀, 3D max modeling Character design, cat riding a motorcycle, cat fur color is gray, wearing a helmet, ears protruding from the helmet, 3D max modeling

뤼튼

미드저니

빙 이미지 크리에이터

하면 된다! 〉 옥수수 캐릭터 만들기

식물을 의인화해서 캐릭터를 그려 보겠습니다. 여기서는 표정에 좀 더 신경 써서 세밀하게 묘사해서 프롬프트를 작성해 보겠습니다.

쪼개기	주제 옥수수
	요소 시선을 끄는 포인트, 감정, 색채, 캐릭터
구체화하기	• 시선을 끄는 포인트: 강냉이 같은 빛나는 치아, 뾰족한 선글라스 • 색: 미소, 자신감 • 감정 수준: 은은하게 • 색채: 노란색, 녹색(옥수수를 대표하는 색상)
키워드	전신(full shot)

프롬프트	옥수수 캐릭터 그림, 옥수수는 끝이 뾰족한 선글라스를 쓰고 있다. 이가 드러나게 웃고 있다. 이는 빛에 반사되어 반짝거린다. 옥수수 알맹이는 노란색. 녹색 잎으로 옥수수의 옷을 표현. 은은한 자신감이 묻어 나오는 표정. full shot Corn character illustration, corn is wearing pointed sunglasses. Laughing with teeth exposed It reflects light and sparkles. Corn kernels are yellow. Expressing the clothes of corn with green leaves. A face that exudes subtle confidence. full shot

뤼튼

미드저니

빙 이미지 크리에이터

하면 된다! ▶ 인페인팅으로 캐릭터 표정 바꾸기

이번에는 달리의 인페인팅 기능을 활용해서 웃고 있는 캐릭터의 표정을 다양하게
바꿔 보겠습니다.

1. 인페인팅으로 캐릭터 표정 지우기

먼저 인페인팅 기능으로 얼굴 부분만 지웁니다.　　　　▶ 인페인팅 기능을 자세히 알고 싶다면
28쪽을 참고하세요.

원본 사진

2. 빈 얼굴에 다양한 표정 넣기

표정을 설명하는 프롬프트를 입력합니다. 이때 기존에 입력했던 얼굴 묘사를 함께
넣어 주세요.

프롬프트	Turn the erased part: watercolor, brown eyes, little freckles on chicks, furious face

3. 이번에는 슬픈 표정으로 바꿔 보겠습니다.

프롬프트	Turn the erased part: watercolor, eyes closed, little freckles on chicks, tear on face, sad face

하면 된다! ⨽ 아웃페인팅으로 캐릭터 추가하기

달리의 아웃페인팅 기능을 활용해서 이미지 하나에 여러 캐릭터가 등장하게 해보겠습니다.

1. 먼저 아웃페인팅 기능으로 배경을 확장합니다. ▶ 아웃페인팅 기능을 자세히 알고 싶다면 27쪽을 참고하세요.

프롬프트	expand background

2. 사진 아래에서 [Upload image 🖾]를 눌러 다른 캐릭터 이미지를 불러옵니다.

배경을 미리 제거했어요.

▶ 판다 캐릭터 이미지는 배경 제거 사이트(remove.bg/ko)에서 배경을 미리 제거했습니다.

3. [Eraser ◈] 도구로 판다의 발과 오른쪽 아래 로고를 지워 보겠습니다.

4. 프롬프트에는 지운 부분을 어떻게 수정할 것인지 입력합니다.

프롬프트	Edit background, express the shadow

04-4

패턴 디자인

벽지나 옷감, 선물 포장지 등에 활용할 패턴 디자인을 해보겠습니다. 패턴을 만들 때는 콘셉트, 색상, 무늬, 밀도 등을 고려해서 디자인합니다.

프롬프트 템플릿

쪼개기	**주제** 패턴 디자인 **요소** 콘셉트, 배경 색상, 반복 요소(무늬), 밀도 등
구체화하기	'쪼개기'의 내용을 구체적인 문장으로 작성하세요.
키워드	• 밀도 **예** 규칙적으로, 촘촘하게, 밀도가 낮게

프롬프트	'구체화하기'와 '키워드'를 더해 프롬프트를 완성하세요.

▶ 미드저니에서는 '--tile'이라는 파라미터(프롬프트 이외에 인공지능의 동작을 컨트롤하는 옵션값)를 사용하면 됩니다. 키워드를 적절히 사용하면 미드저니처럼 파라미터를 입력하는 기능이 없는 인공지능을 사용해도 패턴 디자인을 할 수 있습니다.

하면 된다! ╎ 별무늬 패턴의 선물 포장지 만들기

패턴 디자인 가운데 가장 단순한 선물 포장지 디자인부터 시작해 보겠습니다. 무늬와 색상, 밀도만 정해도 간단하면서 완성도 있게 디자인할 수 있습니다. 같은 인공지능이라도 다양하게 표현해 주기 때문에 패턴 디자인을 위한 새로운 아이디어를 얻을 수도 있습니다.

쪼개기	주제 별 요소 배경 색상, 반복 요소, 밀도
구체화하기	• 배경색: 어두운 남색　　• 흰색 뾰족한 모양의 별　　• 촘촘하게
키워드	wrapping pattern design

프롬프트	stars, 어두운 남색 배경에, 흰색 뾰족한 모양의 별. 촘촘하게. wrapping pattern design stars, white pointed stars on a dark navy blue background. densely. wrapping pattern design.

뤼튼

미드저니

빙 이미지 크리에이터

- 패턴 관련 키워드

tile design, pattern design, wrapping pattern design, textile design, texture pattern, geometric pattern, wallpaper pattern, damask pattern, seamless pattern, …

하면 된다! ⟩ 토마토 패턴의 선물 포장지 만들기

이번에는 앞서 만든 포장지보다 조금 덜 빽빽한 패턴으로 토마토가 그려진 선물 포장지를 디자인해 보겠습니다.

쪼개기	**주제** 토마토 **요소** 배경 색상, 반복 요소, 밀도, 요소의 특징
구체화하기	• 배경색: 옅은 주황색 • 가공하지 않은 상태의 토마토 • 토마토는 빨간색, 토마토는 실물처럼 고화질, 밀도는 낮게
키워드	wrapping pattern design

프롬프트	선물 포장지 디자인, 배경 색상은 옅은 주황색, 가공하지 않은 상태의 토마토, 토마토는 실물처럼 고화질, 포장지에서 토마토의 밀도를 낮게. Gift wrapping paper design, background color is light orange, unprocessed tomatoes, high definition like real tomatoes, low density of tomatoes in wrapping paper.

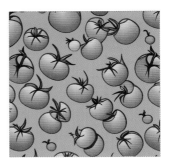

뤼튼

미드저니

빙 이미지 크리에이터

하면 된다! ⟩ 의류 원단 무늬 만들기

옷에는 다양한 무늬가 있습니다. 그리고 패턴마다 이름도 있습니다. 이미 알고 있는
패턴의 색감이나 섬유 질감 등을 바꿔 보면서 세상에 없는 무늬를 만들어 보세요.

쪼개기	**주제** 의류 원단 체크무늬 **요소** 배경 색상, 반복 요소, 패턴 크기, 패턴 색상, 섬유의 질감
구체화하기	흰색 배경과 녹색 번개 무늬, 린넨 소재
키워드	texture pattern

프롬프트	texture pattern design, lightening houndstooth pattern in green and white, linen material, cloth fabric

미드저니

빙 이미지 크리에이터

• **무늬 관련 키워드**

타탄(tartan), 깅엄(gingham), 글렌(glen), 하운드 투스(hound's tooth), 아가일(argyle), 마드
라스(madras), 하와이안(hawaiian), 플로랄(Floral), 윈도우 패인(window pane), 그 외 동물
의 무늬, 자연 현상

하면 된다! } 구체적인 패턴 그리기

배경과 반복 요소를 이용해 이전 실습보다 더 세밀하게 묘사해서 디자인하는 연습을 해보겠습니다. 프롬프트를 구체적으로 작성할수록 원하는 이미지와 가까운 결과물을 얻을 수 있습니다.

쪼개기	**주제** 아이스크림&태양 — 아이스크림, 시원함, 푸른색, 태양, 하늘 **요소** 배경 색상, 반복 요소, 패턴 반복 정도, 패턴의 특징
구체화하기	밝은 노란색 태양, 바닐라 아이스크림, 시원함을 위해 배경은 푸른 하늘
키워드	seamless pattern design, background monotone, one repeat

프롬프트	노란색 빛나는 해 일러스트와 흰색 바닐라 소프트아이스크림콘은 같은 크기로 seamless pattern이다. 배경은 스카이 블루색 하늘, 패턴은 배경 위에 새겨진다. one repeat, background mono tone

뤼튼

미드저니

달리

04-5

제품 디자인

제품 디자인을 하려면 시장 조사, 콘셉트 수립, 시안 제작, 디자인 선정, 설계, 제품 렌더링하는 과정이 필요합니다. 이미지 생성 AI를 제품 디자인의 전 과정에 활용하기는 어렵지만 디자인 영감을 얻을 때 사용하면 효율적입니다.

▶ 캐드(CAD)와 같은 전문 설계 소프트웨어에도 인공지능 기술을 적용한 다양한 기능이 추가되고 있습니다.

프롬프트 템플릿

쪼개기	**주제** 제품 디자인 **요소** 기능, 편의성, 심미성, 상징성(브랜드), 감성
구체화하기	쪼개기 내용을 구체적인 문장으로 작성하세요.
키워드	㉾ keyshot, 3D MAX, Z-brush, Unreal Engine, Unity 등 3D 렌더링 혹은 게임 엔진과 관련된 키워드

프롬프트	'구체화하기'와 '키워드'를 더해 프롬프트를 완성하세요.

하면 된다! } 3D 렌더링으로 비누 만들기

3D 렌더링을 할 줄 몰라도 제품 콘셉트 이미지를 만들 수 있습니다. 또, 전문가들이 사용하는 3D 렌더링 프로그램 이름을 키워드로 사용하면 실제 제품같은 이미지를 얻을 수 있습니다.

쪼개기	**주제** 스테인리스 비누 **요소** 형태, 재질, 무늬
구체화하기	금속 재질, 타원형, 매끈함 또는 꽃무늬
키워드	keyshot ← 3D 전문 렌더링 프로그램

⬇

프롬프트	금속 재질 타원형 비누. 비누 표면은 조그마한 꽃무늬(5개 이상)로 이루어진 패턴이 양각 처리되어 있다. render using keyshot Oval soap made of metal. The surface of the soap is embossed with a pattern consisting of small flower patterns (5 or more). render using keyshot

뤼튼

미드저니

빙 이미지 크리에이터

하면 된다! ⟩ 구두 디자인하기

제품 관련 전문 지식이 풍부하면 제품 디자인을 할 때 큰 도움을 받을 수 있습니다. 프롬프트에 구두의 종류와 구두를 구성하는 각 부분의 명칭 등 상세 정보를 입력하면 원하는 제품 시안을 만들 수 있습니다.

쪼개기	**주제** 구두 **요소** 색상, 무늬, 기능
구체화하기	황금색 가죽, 치타 무늬, 굽이 높은 구두(웨지 힐)
키워드	keyshot

⬇

프롬프트	제품 디자인 사진, 황금색 가죽에 치타 무늬 패턴의 윙팁 구두, 치타 무늬 크게, 웨지 힐, render using keyshot Product design photo, cheetah-patterned wingtip shoes in golden leather, large cheetah-patterned heels, wedge heels, render using keyshot

뤼튼

미드저니

빙 이미지 크리에이터

- 구두 관련 키워드
- 구두 종류: 플레인 토, 몽크 스트랩, 모카신, 더비, 윙팁, 스트레이트 팁, 로퍼 등
- 구두 굽 종류: 스틸레토 힐, 플랫폼 슈즈, 청키 힐, 웨지힐, 키튼힐 등

하면 된다! ﹜ 그릇 디자인하기

그릇 만들기 원데이 클래스를 신청했다고요? 먼저 이미지 생성 AI로 시안을 뽑아보고 마음에 드는 디자인을 골라 참고 자료로 가져가 보세요.

쪼개기	**주제** 그릇 무늬 디자인 **요소** 배경 색상, 반복 요소, 패턴 색상
구체화하기	얼룩말 무늬, 흰색 배경에 노란색 줄무늬
키워드	textile pattern

프롬프트	textile pattern design on dish, white background yellow zebra pattern, only use yellow and white, dish is on the dark background

뤼튼

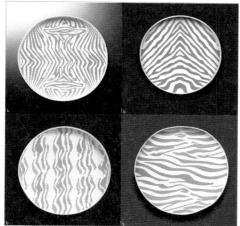

미드저니   빙 이미지 크리에이터

 나만의 굿즈 제작하기

생성한 이미지를 실제 굿즈로 제작할 수 있습니다. 마플 웹 사이트(marpple.com)
에서 상품을 선택하고 이미지를 업로드하기만 하면 됩니다. 여러분도 인공지능으로
만든 이미지를 굿즈로 제작해 보세요.

04-6

글자가 있는 시각 디자인
— 책 표지, 포스터, 초대장, 광고

책 표지, 포스터, 초대장, 광고 등에는 주로 글자가 포함된 시각 디자인을 적용합니다. 시각 디자인은 정보 전달이 목적이므로 이미지를 이용해 글자에 시선을 최대한 집중시키는 것이 중요합니다. 또한 전달하고 싶은 내용을 시각적·직관적으로 쉽게 알 수 있도록 표현해야 합니다. 대중의 관심을 끌어 메시지를 전달하고 행사 참여와 상품 구매까지 유도해야 하니까요.

메시지가 돋보이는 이미지를 생성하려면 우선 글자의 강조색을 정하고 글의 내용과 분위기를 함축적으로 담을 수 있는 프롬프트를 작성해야 합니다. AI로 만든 이미지와 글자의 위치를 적절히 배치해서 강조하고 글자의 두께나 크기를 바꿔 시선을 유도하면 멋진 디자인을 완성할 수 있습니다.

다양한 예시를 통해 글자를 강조하는 시각 디자인을 함께 해보겠습니다. 먼저 프롬프트 템플릿을 활용하여 이미지를 만든 뒤 캔바를 사용해서 글자를 넣는 순서로 진행하겠습니다.

프롬프트 템플릿

쪼개기	**주제** 텍스트가 있는 시각 디자인 **요소** 텍스트의 목적, 분위기, 색상, 글의 내용
구체화하기	쪼개기 내용을 구체적인 문장으로 작성하세요.
키워드	• 도구 및 기법 　예) 사진, 드로잉, 페인팅, 프린트, 디지털 아트, 3D 모델링 • 형식 　예) 인포그래픽, 애니메이션, 입체, 캐리커처, 배너, 아이소메트릭, 질감, 추상, 　아트, 오브젝트, 벡터, 날씨, 아이콘, 공간 및 장소 등

⬇

프롬프트	'구체화하기'와 '키워드'를 더해 프롬프트를 완성하세요.

하면 된다! 〉 책 표지 디자인하기

책의 표지는 일반적으로 책의 내용을 이미지로 전달하면서 독자들의 호기심을 자극해 구매 욕구를 불러일으킵니다. 책 표지 디자인에 이미지 생성 AI를 사용해 보세요.

쪼개기	**주제** 이미지 생성 AI 책 표지 **요소** 로봇, 도화지, 삽화, 책상 위
구체화하기	• 책상 위에 도화지가 놓여 있다.　　　• 크기가 작은 로봇 • 로봇이 도화지에 삽화를 그린다.
키워드	위에서 바라보는 듯한 느낌(tilt shift view)

⬇

프롬프트	책상 위에 도화지가 놓여 있다. 크기가 작은 로봇이 움직이면서 도화지에 삽화를 그린다. tilt shift view. A drawing paper is placed on the desk. A small-sized robot moves on a drawing paper and draws an illustration. tilt shift view.

뤼튼

미드저니

빙 이미지 크리에이터

하면 된다! ⑂ 핼러윈 이벤트 초대장 만들기

초대장도 책 표지처럼 사람들의 시선을 끌 만한 그림이 있으면 좋겠죠? 이번에는 핼러윈 이벤트 초대장에 사용할 이미지를 만들어 보겠습니다.

쪼개기	**주제** 핼러윈 **요소** 눈과 입이 달린 호박, 박쥐, 해골, 사탕, 핼러윈
구체화하기	• 사나운 눈과 날카로운 이를 가진 호박 • 두개골 • 하늘을 날아다니는 작은 박쥐들 • 호박 주변에 흩어져 있는 사탕
키워드	일러스트

프롬프트	호박과 두개골이 나란히 놓여 있다. 밝은 주황색 호박은 사나운 눈과 날카로운 이빨이 있다. 호박 옆에는 마술사 모자를 쓴 두개골이 있다. 하늘 멀리 작은 박쥐들이 날아다니고 있다. 바닥에는 사탕이 흩어져 있다. 핼러윈 분위기의 일러스트 A pumpkin and a skull are placed side by side. The bright orange pumpkin has fierce eyes and sharp teeth. Next to the pumpkin is a skull wearing a magician's hat. Little bats are flying in the sky. Candies are scattered on the floor. Draw a Halloween-inspired illustration.

뤼튼

미드저니

빙 이미지 크리에이터

핼러윈 이벤트 초대장을 완성해 보세요!

캔바의 이미지 편집 기능을 이용하면 생성한 이미지 위에 도형이나 글자를 써넣을 수 있습니다. 앞서 만들어 본 핼러윈 이미지에 정보를 넣어 이벤트 초대장을 만들어 보세요.

1. 캔바에서 이미지 생성 AI로 만든 이미지를 불러옵니다.

2. 왼쪽 메뉴에서 [요소 → 도형]을 선택해 넣어 주세요. 도형의 크기를 알맞게 조절하고 투명도나 색상을 바꿔서 배경 이미지의 분위기와 맞춥니다.

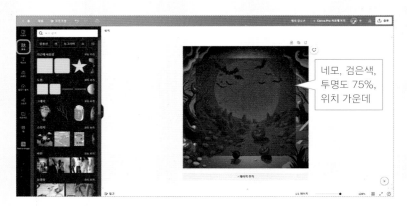

> 네모, 검은색, 투명도 75%, 위치 가운데

3. 왼쪽 메뉴에서 [텍스트]를 선택하고 문구를 넣어 초대장을 완성하세요.

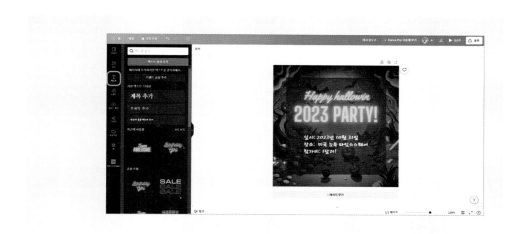

하면 된다! 〉 동화책 삽화 그리기

동화책에 사용할 삽화는 시나리오가 중요합니다. 시나리오를 직접 작성하는 것이 어렵다면 주제를 먼저 설정해 보세요. 또는 예상 독자를 설정하거나 이야기의 3요소인 인물, 사건, 배경을 활용하는 것도 좋은 방법입니다. 원하는 이야기에 맞게 **인물, 사건, 배경**을 설정하면 동화책 삽화를 손쉽게 그려 낼 수 있어요.

쪼개기	인물 펭귄, 북극곰 사건 빙하가 붕괴, 위기, 지구온난화 배경 북극
구체화하기	인물 펭귄과 북극곰은 친하다. 귀여운, 포근한, 듬직한 북극곰 사건 ❶ 북극의 빙하가 붕괴되는 모습 　　 ❷ 당황해서 허둥지둥하는 펭귄과 북극곰 　　 ❸ 헤어지며 슬퍼하는 펭귄과 북극곰 　　 ❹ 재회하며 기뻐하는 펭귄과 북극곰 배경 해가 쨍쨍 비치며 빙산이 녹는 모습, 멀어지는 유빙, 오로라로 물든 밤하늘과 북극 빙하 위
키워드	일러스트

작은 회색 펭귄, 듬직하고 포근한 하얀 북극곰, 배경은 북극, 일러스트

❶ 아주 오래 전, 북극에는 사이가 매우 좋은 펭귄 피플과 북극곰 비글이 살았어요.

해가 쨍쨍 비치며 빙산이 녹는 모습, 당황한 모습의 회색 펭귄과 흰색 북극곰, 일러스트

❷ 그런데 어느 날 북극에 햇볕이 쨍쨍 비치기 시작하면서 주위의 얼음이 녹기 시작했어요. 빙산이 녹아내리자 피플과 비글은 당황해 어쩔 줄 몰라했어요.

프롬프트
+
결과물

유빙 사이의 거리는 멀다, 한쪽에는 회색 펭귄, 나머지 한쪽은 북극곰, 일러스트

❸ 그 순간, 피플과 비글이 서 있던 자리에서 쩍! 하는 갈라지는 소리가 나더니 피플은 갈라진 빙하와 함께 빠른 속도로 떠내려갔고, 결국 남극에 도착하게 됐어요.

재회해서 기쁜 작은 펭귄 그리고 북극곰, 둘은 마주보며 껴앉는다. 배경은 오로라로 물든 밤하늘과 북극 빙하 위, 일러스트

❹ 피플은 북극에 있는 비글을 그리워하다 결국 비글을 만나기로 결심해요! 그리고 비글을 만나 재회의 기쁨을 나누며 밤새 이야기 꽃을 피웠답니다!

시나리오도 AI를 활용해 작성해 보세요!

시나리오 작성이 어렵다면 뤼튼이나 폴라리스 오피스 AI의 도움을 받아 작성하는 것도 좋습니다. 뤼튼을 이용해 '펭귄 피플과 북극곰 비글의 대모험'을 제목으로 하는 동화의 시나리오를 작성해 본 예시입니다.

프롬프트	동화책을 만들려고 합니다. 등장인물은 펭귄과 북극곰입니다. 사건은 지구온난화로 인해 빙하가 붕괴되고 친구였던 펭귄과 북극곰이 사고로 인해 헤어집니다. 배경은 북극입니다. 결말은 해피엔딩입니다.

동화 제목: "펭귄 피플과 북극곰 비글의 대모험"

1. 등장인물:

- 펭귄(피플): 명랑하고 창의적인 펭귄, 북극곰과는 가장 친한 친구.

- 북극곰(비글): 건강하고 온화한 성격의 북극곰. 펭귄과는 가장 친한 친구.

2. 설정:

- 아름다운 눈과 얼음으로 뒤덮인 평화로운 북극.

- 지구온난화로 인해 점점 변화하는 환경.

3. 줄거리:

- 시작

북극에서 살아가는 피플과 비글은 서로를 가장 좋은 친구로 생각한다. 그들은 함께 놀고, 함께 모험을 하며, 서로에게 필요한 것이 있다면 돕는다.

- 발달

그러나 지구온난화로 인해 그들의 고향인 북극이 위협받게 되고, 어느 날 큰 사건이 발생한다. 갑작스 럽게 빙하가 붕괴되면서 피플과 비글은 강력한 파도에 못 이겨서 서로 멀리 헤어지게 된다.

- 위기

그들은 처음으로 서로를 볼 수 없는 상황에 처하게 되며, 그것이 언제까지 계속될지 알 수 없다. 이러한 상황에서 그들은 자신의 존재 의미와 용기에 대해 근본적으로 … (생략) …

04-7

공간 디자인
─ 건축, 조경, 인테리어

공간을 아름답고 기능적으로 꾸미기 위한 디자인을 공간 디자인이라고 합니다. 대표적으로 건축 디자인, 조경 디자인, 인테리어 디자인이 있습니다. 우리가 생활하는 공간을 꾸미고 설계하므로 안정감과 안락함을 주는 동시에 아름다움을 추구합니다.

공간 디자인은 용도, 기능, 크기나 비율, 형태, 동선 등을 고려하여 공간을 설계하고, 그 안을 색상, 소재(질감), 빛, 물체 등으로 채워 넣습니다. 그리고 물체의 배치나 구성을 통해 균형, 통일감을 주거나 공간의 개성을 강조하기도 합니다.

제품 디자인과 마찬가지로 공간 디자인도 정밀하게 설계해야 하고 다양한 요소를 고려해야 하므로 고난도 디자인이라고 할 수 있습니다. 여기서는 공간의 콘셉트 디자인을 위한 이미지 생성 AI 활용법을 알아봅니다.

프롬프트 템플릿

쪼개기	주제 공간 디자인 요소 용도, 기능, 크기, 비율, 형태, 동선, 심미성, 색상, 분위기, 빛, 소재, 물체
구체화하기	쪼개기 내용을 구체적인 문장으로 작성하세요.
키워드	• 건축 　㉤ 평면/입체, 비례/비율, 배치 　　용도, 기능, 재료, 기술, 조형미 　　형태, 크기/규모, 색채, 빛, 방향, 중심축, 초점, 질감, 장식 • 조경 　㉤ 구성, 빛, 트랙, 점, 선, 면, 단 　　색채, 질감, 균형, 통일, 강조, 기능성, 심미성, 독창성, 경제성 　　관목, 장식용 식물 이름, 마당용 시설, 기구 이름 • 인테리어 　㉤ 공간명: 거실, 주방, 침실, 욕실, 서재, 아이방, 옷방 등 　　조명, 벽지, 가구, 소품, 커튼, 선반 　　구성 요소의 외관 묘사: 소재, 질감, 색상, 형태

⬇

프롬프트	'구체화하기'와 '키워드'를 더해 프롬프트를 완성하세요.

여기서 한 가지 중요한 팁을 알려 드릴게요. 새로운 영감을 얻기 위해 색다르게 바꿔 보고 싶은 요소가 있다면 프롬프트를 작성할 때 제외해 보세요. 예를 들어 프롬프트에서 색상 설명을 제외하면 인공지능이 공간 이미지를 다양한 색상으로 만들어 줍니다.

하면 된다! } 단독 주택 이미지 만들기

단독 주택 하면 가장 먼저 '마당'이나 '정원'이 있는 넓은 집 이미지가 떠오를 것입니다. 우리나라보다 외국에 단독 주택이 많으니 다양한 해외 저택의 이미지를 참고하는 것도 좋은 방법입니다.

쪼개기	**주제** 단독 주택 **요소** 크기, 건축 양식, 조경, 조명, 유명 건축물 참조
구체화하기	• 참조할 유명 건축물: 베르사유 궁전 • 건축 양식: 한국의 양식을 살린다. • 크기: 100평 규모의 단독 주택 • 조경: 정원이 있다, 한국적인 느낌
키워드	long shot, 3D rendering, 3D modeling

프롬프트	베르사유 궁전을 참조하여 한국형 100평 규모의 정원이 있는 단독 주택, 배경은 서울의 조경, long shot, 3D rendering, 3D modeling A detached house with a garden of 100 pyeong in Korean style referring to the Palace of Versailles, the background is Seoul's landscaping, long shot, 3D rendering, 3D modeling

뤼튼

미드저니   빙 이미지 크리에이터

하면 된다! ⟩ 고층 빌딩 이미지 만들기

빌딩 디자인 시안을 만들 때 건축물의 외관, 크기, 구조, 형태 등을 한눈에 파악할 수 있도록 만들어 보세요!

쪼개기	**주제** 고층 빌딩 **요소** 크기, 구조, 형태, 조경, 조명
구체화하기	• 크기: 100층 이상의 초고층 빌딩 • 형태: 타원형, 쌍둥이 빌딩 • 조경: 서울의 야경, 밑에서 위를 바라보는 구도, 빌딩 전체가 프레임에 담기는 뷰, 빌딩을 강조해서 보여주기 • 조명: 야경
키워드	worm's eyes view, spot light, long shot, keyshot

프롬프트	100층 이상의 타원형 쌍둥이 초고층 빌딩, 배경은 서울의 야경, worm's eyes view, spotlight, long shot, keyshot Oval twin skyscrapers with more than 100 floors, the night view of Seoul in the background, worm's eyes view, spotlight, long shot, keyshot

뤼튼

미드저니

빙 이미지 크리에이터

하면 된다! ⟩ 경기장 이미지 만들기

경기장은 천장의 유무에 따라 돔 구장이나 개방형으로, 종목에 따라 수영 경기장, 축구 경기장 등으로 나뉩니다. 그에 따라 경기장의 이미지에 영향을 미치는 요소가 많습니다. 또한 경기장의 색과 조명, 외부 환경도 이미지에서 큰 역할을 하는 만큼 반드시 고려해야 합니다.

쪼개기	**주제** 경기장 **요소** 경기장의 종류, 경기장의 형태, 배경, 다양한 모양, 조명 효과, 조경
구체화하기	• 경기장의 종류: 축구 경기장 또는 일반 경기장 • 배경: 야경 • 경기장의 형태: 루프 없는 경기장 • 다양한 모양: 타원형, 사각형, 동물 모양을 형상화한 지붕 • 조명 효과: 네온 사인(흰색, 무지개)
키워드	(rainbow) neon light, 3d rendering, 3d modeling

프롬프트	루프가 열린 *타원형(사각형, 거북이 등딱지 등을 형상화)의 축구 스타디움 조경도, 야경, 하얀색과 빨간색의 조화가 잘 어울린다. 드론샷, (rainbow) neon light, 3d modeling, 3d rendering, keyshot
	*Oval shape with open roof (representing a square, turtle shell, etc.) soccer stadium landscaping map, night view, and harmony of white and red colors go well together. drone shot, (rainbow) neon light, 3d modeling, 3d rendering, keyshot

뤼튼

미드저니   빙 이미지 크리에이터

하면 된다! } 부엌 이미지 만들기

부엌 인테리어를 하기 전에 가구와 가전제품의 배치, 색상, 구도 등 고려할 요소를 모두 넣고 이미지를 수정해 가면서 원하는 부엌의 이미지를 구상해 보세요.

쪼개기	주제 부엌 요소 부엌 인테리어, 가전제품 배치, 구조, 색상
구체화하기	• 부엌 인테리어: 스칸디나비아풍(북유럽풍) • 가전제품 배치: ㅡ자형 싱크대, 검은색 인덕션, 3인용 테이블 • 구조: ㅡ자형 싱크대　　• 색상: 무드 그린
키워드	3d rendering, 3d modeling, eye level shot

프롬프트	스칸디나비아풍 모던한 느낌의 가전제품, 검은색 인덕션, 3인용 테이블이 있는 부엌, 싱크대 배치는 ㅡ 자 모양으로, 가구 색상은 무드 그린, 3d modeling, 3d rendering, eye level shot Appliances with a modern Scandinavian feel, black induction, kitchen with a table for 3 people, sink layout in a ㅡ shape, furniture color is mood green, 3d modeling, 3d rendering, eye level shot

뤼튼

미드저니

빙 이미지 크리에이터

하면 된다! 〉 욕실 이미지 만들기

욕실은 편안하고 안락한 분위기를 조성하는 것이 중요합니다. 욕실 분위기와 구도, 조명, 색감 등을 심미적인 부분에 신경 써서 이미지를 만들어 보세요.

쪼개기	**주제** 욕실 **요소** 욕실 인테리어, 가구 배치, 색상, 욕실 형태
구체화하기	• 욕실 인테리어: 자연과 모던함이 공존한 공간, 욕조가 중심, 친환경, 나무 인테리어 • 가구 배치: 욕실 중앙에 나무 재질 욕조 • 색상: 무드 아이보리 • 욕실 형태: 건식 • 구조를 파악하기 쉽도록 사진 구도 설정
키워드	3d rendering, 3d modeling, eye level shot

프롬프트	자연과 모던한 느낌이 공존한 나무로 이뤄진 건식 욕실, 욕실 중앙에 나무로 만든 욕조,무드 아이보리 3d modeling, 3d rendering, eye level shot A dry bathroom made of wood where nature and modernity coexist, a wooden bathtub in the center of the bathroom, mood ivory 3d modeling, 3d rendering, eye level shot

뤼튼

미드저니

빙 이미지 크리에이터

 밑그림 이미지로 가구 콘셉트 디자인 만들기

프롬프트를 작성해 이미지를 생성하는 방법 외에도 프롬 AI에서 스케치 이미지를 넣어 실제 사물이나 공간을 디자인할 수 있습니다. 여기서는 프롬AI의 스케치 렌더링(sketch rendering) 기능을 사용해서 가구 디자인 과정을 소개합니다.

▶ 프롬 AI는 02-6절에서 자세히 살펴봤습니다.

1. 먼저 종이에 원하는 가구 콘셉트의 밑그림을 그리세요.

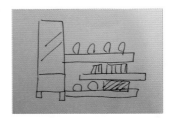

2. 프롬 AI(promeai.com)의 [Sketch Rendering] 기능을 이용해 밑그림을 업로 드한 뒤, [Furniture → Product Design → Furniture]를 선택합니다. 다양한 디자 인 콘셉트가 나타나면 그중에 마음에 드는 것을 골라 보세요. 이후 원하는 디자인 이 나올 때까지 설정하고 마지막으로 [Generate]를 눌러 렌더링합니다.

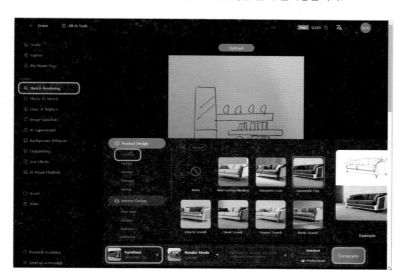

3. 밑그림을 이용해 프롬 AI로 렌더링한 가구 디자인 이미지입니다.

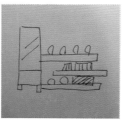

04-8

일러스트레이션 ― 도안,
발표 자료 / 블로그 포스팅용 이미지

정보를 보충하는 이미지를 만들 때는 먼저 어떤 주제를 다룰지 카테고리를 정하고, 그 주제를 효과적으로 표현할 때 어떤 도구를 사용하면 좋을지 생각하면서 프롬프트를 작성하면 됩니다. 다음 템플릿을 참고해 일러스트 이미지를 디자인하는 프롬프트를 작성해 보겠습니다.

프롬프트 템플릿

쪼개기	**주제** 설명하고 싶은 정보의 카테고리 예 패션, 건축, 금융, 비즈니스, 교육, 음식, 날씨, 스포츠, 종교, 우주 등 **요소** 주제의 세부 요소 예 교육: 단체 교육, 체육 활동 등 　　음식: 재료, 조리 방법, 완성된 음식 등 〔설명할 대상이 명확해지면 가장 잘 설명할 수 있는 글쓰기 방법을 선택해서 구체화하세요.〕
구체화하기	쪼개기에서 찾아낸 요소를 구체적인 문장으로 작성하세요. 예 설명(비교, 대조, 분석, 예시), 묘사(시각, 청각, 후각, 미각, 촉각) ▶ 03-3절의 수사적 글쓰기를 참고하세요! 〔일러스트에 사용하는 다양한 형식과 표현할 때 사용할 도구, 미술 기법 관련 키워드 등을 프롬프트에 더해 주면 됩니다.〕
키워드	• 도구 및 기법 　예 사진, 드로잉, 페인팅, 프린트, 디지털 아트, 3D 모델링 • 형식 　예 인포그래픽, 애니메이션, 입체, 캐리커처, 배너, 아이소메트릭, 질감, 추상, 　　아트, 오브젝트, 벡터, 날씨, 아이콘, 공간 및 장소 등

프롬프트	'구체화하기'와 '키워드'를 더해 프롬프트를 완성하세요.

하면 된다! ﹜ 음식 레시피 이미지 만들기

특정 메뉴의 조리 방법을 설명하려면 재료와 손질법, 조리 과정 등의 이미지가 필요합니다. 그리고 이미지의 순서도 매우 중요합니다. ▶ 수사적 글쓰기 등 서술 방법은 03-3절을 참고하세요.

쪼개기	**주제** 음식 레시피 — 새우 알리오 올리오 파스타 **요소** 조리 과정, 조리 방법, 재료, 플레이팅
구체화하기	• 재료: 싱싱한 새우, 마늘 다이스, 올리브 오일, 파스타 등 • 조리 과정: 단계별 사진 생성, 사진 이어 붙이기, 조리 단계마다 재료와 시각적 일치를 통한 서사 만들기 • 조리 방법: 시나리오가 필요함. 사진 하단에 조리 방법 텍스트 추가하기 • 플레이팅: 접시 중앙에 파스타, 파슬리 잎, 레몬 조각, 건고추 플레이크, 마늘 다이스, 적은 파스타 양, 깔끔하고 부드러운 조명과 분위기, 플레이트에 포커스
키워드	콜라주 스타일, 시나리오 제작(뤼튼, GPT-4 참조) ▶ 키워드로 '푸드 스타일링(food styling)'을 사용하면 요리 책에 나오는 음식 사진을 얻을 수 있습니다.

프롬프트 + 결과물	 흰색 배경, 올리브 오일, 올리브 열매 ◀ 올리브 오일

프롬프트 + 결과물	 ◀ 다진 마늘	흰색 배경, 다진 마늘과 마늘
	 ◀ 손질한 새우	흰색 배경, 새우, 칵테일 새우, 조리 전
	 ◀ 삶지 않은 파스타 면	흰색 배경, 직선의 롱 파스타 면, 삶지 않은 상태, 조리 하기 전 상태, 재료 상태
	 ◀ 조리 과정 1. 끓는 물에 파스타 면을 삶는다.	끓는 물 안에 파스타 면, 파스타 면을 집게로 집는다.

	◀ 조리 과정 2.
	  올리브 오일을 팬에 두르고, 다진 마늘과 미리 손질
	  한 칵테일 새우를 넣고 볶는다.
		프라이팬에 볶은 새우, 마늘

	◀ 조리 과정 3.
	  조리 과정 2의 프라이팬에 삶은 파스타 면을 넣고
	  같이 볶는다.
		프라이팬에 볶은 새우, 마늘. 그 위에 삶은 면을 넣는다

프롬프트 + 결과물		새우 알리오 올리오 파스타, 푸드 스타일링 ◀ 조리 과정 4. 바질 가루 등을 위에 뿌리고 예쁘게 플레이팅해 주 면 새우 알리오 올리오 파스타 완성!

하면 된다! 〉 블로그 포스팅용 이미지 만들기

블로그에 화장품이나 맛집 리뷰 포스팅을 할 때 도입부나 간단한 설명에 사용할 이미지를 만들어 활용해 보세요.

쪼개기	**주제** 화장품 리뷰 블로그 포스팅하기 **요소** 제품 소개, 제품 형태, 제품 텍스처, 제품 용도, 전체 숏, 사용 숏
구체화하기	• 제품 소개: 선크림 • 제품 형태: 액상 크림형 • 제품 디자인: 튜브형, 무드 네이비, 구름과 해 • 제품 텍스처: 부드러운 크림 • 사용 숏: 모델의 얼굴이나 손에 제품을 바른 사진 • 전체 숏: 환한 조명, 스포트라이트, 전신 숏 필요
키워드	부드러운 텍스처, spotlight, 3d rendering, 3d modeling, full shot

프롬프트 + 결과물		무드 네이비 색, 흰 구름 위 태양이 솟은 일러스트 로고가 새겨진 튜브형 선크림, 3d modeling, 3d rendering, spotlight, fullshot ◀ 광고 사진 첨부

		무드 네이비 색 튜브형 선크림 뒤편 성분 표시
		◀ 제품 성분 표시 설명 참조
프롬프트 + 결과물		손바닥에 아주 작은 하얀색 선크림 액상 한 방울 정도 바른 모습, 손 포커싱, 부드러운 텍스처
		◀ 제품 실사용 모습
		해가 구름 위에서 솟는 일러스트 로고가 그려진 튜브형 선크림, 색상은 무드 네이비, 3d modeling, 3d rendering, spotlight, fullshot
		◀ 제품 전체 샷

하면 된다! ⟩ 타임라인 만들기

다양한 주제로 타임라인을 만들어 이미지를 배치해 보세요. 예를 들어 역사를 주제로 한다면 역사적인 주요 사건을 이미지로 만들어 연대기를 완성해 보세요.

쪼개기	**주제** 서양사 타임라인 만들기 **요소** 역사적 사건, 타임라인, 인물, 사건, 장소, 국가, 랜드마크
구체화하기	• 서양사에서 주요한 역사적 사건을 골라 대표 사진 한 장 배치 • 타임라인: 4대 문명(피라미드), 헬레니즘(알렉산더 대왕), 십자군 전쟁, 르네상스 (미켈란젤로의 천지창조), 신항로 개척(신대륙), 과학 혁명(코페르니쿠스의 지동설), 산업 혁명(러다이트 운동)
키워드	역사적 사건, 인물, 명소　　전문 용어를 사용하세요!

(왼쪽부터 시계 방향) 피라미드, 함무라비, 거북이 등 딱지에 갑골 문자가 새겨져 있다, 카스트 제도

1. 4대 문명의 탄생

4대 문명에는 이집트 문명, 메소포타미아 문명, 중국 문명, 인더스 문명이 있습니다.

알렉산드리아의 파로스 등대

2. 헬레니즘(기원전 3C ~ 2C)

알렉산더 대왕이 알렉산드리아를 건설하고, 동서 융합 정책을 통해 세계 시민주의를 표방했습니다.

십자군 전쟁

3. 십자군 전쟁(11C ~ 13C)

총 8차에 걸친 크리스트교의 성지 탈환 전쟁으로서 1차에서는 순수한 종교적 이유 때문이었다면 4차부터 변질되기 시작하며 불명예스러운 전쟁으로 막을 내렸습니다.

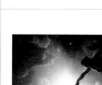

르네상스의 천지창조

4. 르네상스(14C ~ 16C)

문예 부흥기로 레오나르도 다빈치, 미켈란젤로, 라파엘로, 토마스 모어, 셰익스피어 등등 수많은 천재 문화, 예술가들이 등장했던 유럽 예술의 황금기였습니다.

신대륙을 발견한 콜럼버스

5. 신항로 개척(15C ~ 16C)

오스만 제국으로 인해 지중해 무역이 불가능해지자, 다른 항로를 개척하게 되었고 때마침 나침반의 발명으로 항로 개척을 나선 포르투갈과 에스파냐는 아메리카로 식민지를 넓히게 됩니다.

프롬프트 + 결과물

프롬프트 + 결과물		코페르니쿠스의 지동설 **6. 과학 혁명(16C ~ 17C)** 코페르니쿠스의 지동설, 케플러와 갈릴레오 갈릴레이의 지동설 증명, 뉴턴의 만유인력으로 기계론적 우주관이 완성된 과학 혁명입니다.
		러다이트 운동 **7. 산업 혁명(18C)** 17C 시민 혁명 이후 정치적 안정과 풍부한 자본, 공장의 기계화 등으로 노동자와 자본가 계급 사이의 격차가 심화되자 갈등이 고조되던 시기였습니다.

하면 된다! 〉 프라모델 조립 과정 만들기

프라모델 설명서에서 사용할 이미지는 주로 조립 과정이나 설명하기 어려운 부분, 주의해야 할 부분 등을 삽화로 알아보기 쉽게 만들어야 합니다.

쪼개기	**주제** 스텔스 F-117A 프라모델 조립 설명서 만들기 **요소** 조립 과정, 조립 순서, 삽화, 부품 소개, 필요한 도구 소개, 주의 사항
구체화하기	• 조립 과정: 언박싱 → 부품 소개, 도구 소개 → 조립 순서(주의사항) → 완성 • 스탤스 전투기 색: 검정 • 스텔스 전투기 기종: F-117A 나이트 호크 스텔스기 • 설명식 묘사 필요, 이미지 검증법 필요
키워드	드론 샷, 손 클로즈업, tilt up, 3d rendering, 3d modeling

프롬프트
+
결과물

스텔스 F-117A 프라모델 부품을 가지런히 놓아 둔 언박싱 장면

조립 순서 1.
상자를 개봉해 부품을 꺼냅니다. 부품들을 하나씩 꺼내어 개수와 상태를 확인합니다.

핀셋, 펜치, 드라이버, 페인트 브러시, 검은색 페인트 통이 책상에 가지런히 놓여 있다. 설명서 삽화, 드론 샷

조립 순서 2.
펜치, 드라이버, 페인트, 핀셋 등 조립에 필요한 도구들을 준비합니다.

스텔스 F-117A 프라모델 모형의 몸통에 날개가 단단히 고정되도록 드라이버로 조인다. 드라이버를 들고 있는 손 클로즈업

조립 순서 3.
스텔스기의 본체에 날개를 붙여 단단히 고정되도록 드라이버로 나사를 조여줍니다.

스텔스 F-117A 프라모델 모형에 몸통 밑에 매우 작은 휠을 부착하기 위해 세심하게 핀셋으로 붙인다, 핀셋 든 손 클로즈업, 휠 시점 tilt up

조립 순서 4.
주의 사항! 스텔스 F-117A 프라모델 모형의 본체에 휠을 붙일 때, 연결 부위가 부러지지 않도록 핀셋으로 조심해서 작업해 주세요!

스텔스 F-117A 프라모델 모형, 3d modeling, 3d rendering

조립 순서 5.
완성!

꿀팁

캔바를 사용해서 음식 레시피를 완성해 보세요!

이미지 생성 AI로 만들어 낸 음식 사진을 다시 캔바로 불러와 레시피 일러스트를 만드는 팁을 알려 드릴게요. 음식 사진에 다양한 도형과 텍스트를 추가해서 레시피를 완성해 보세요!

1. 캔바에 이미지 생성 AI로 만든 이미지를 불러옵니다. 이미지의 크기를 조절하고 적절한 위치에 배치합니다.

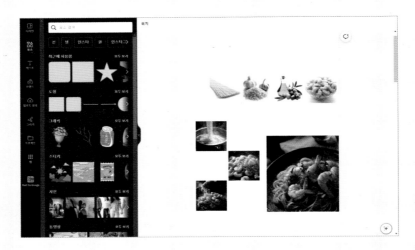

2. 왼쪽 메뉴에서 [요소 → 도형]을 선택해 이미지 뒤에 배치할 도형을 넣어 주세요. 그러고 나서 도형의 크기를 알맞게 조절합니다.

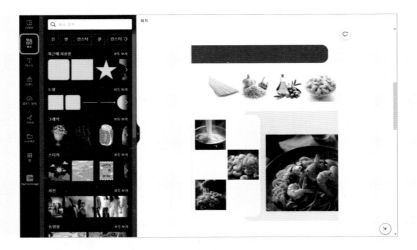

3. 왼쪽 메뉴에서 [텍스트]를 이용해 글을 넣고 레시피를 완성하세요.

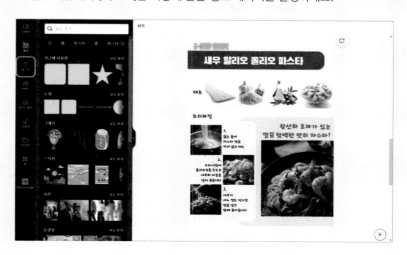

AI가 단숨에 이해하는
키워드 사전 & 아트북

셋째마당에서는 이미지 생성 AI로 풍부하게 표현하고 싶을 때 언제든지 도움받을 수 있는 키워드 사전과 아트북을 준비했습니다. 어떤 키워드를 사용해야 할지 막막하거나 프롬프트를 작성하다 표현 방법이 잘 떠오르지 않는다면 셋째마당을 훑어보며 아이디어를 얻어 보세요!

미대 출신이 쓰는
묘사 기법 키워드 114가지

5장에서는 앞에서 배운 프롬프트 글쓰기에 디자인/그림에 맞게 키워드를 적용하는 노하우를 배웁니다. 어떤 키워드를 사용해야 할지 몰라 막막했다면 이젠 걱정하지 않아도 됩니다. 로고, 일러스트, 이모티콘, 패턴 등을 디자인할 때 필요한 키워드와 프롬프트를 이 책에서 모두 제공하니까요!

05-1

드로잉 기법 및 도구

[드로잉 기법]

스케치

- 채색 전 밑그림 단계에서 연필, 펜, 목탄, 크레용 등 건식 재료로 구도나 형태만 간략히 그리는 기법

> **프롬프트**
>
> 나비, 연필을 사용한 밑그림 스케치
> butterfly, pencil outline sketch

전문 용어 등 구체적인 키워드는 영어로 입력하는 것이 좋습니다.

드로잉

- 건식 재료로 그리는 기법
- 스케치보다 완성도가 높음

> **프롬프트**
>
> 유쾌한 고릴라, 연필을 사용한 드로잉
> jolly gorilla, drawing

점묘법

- 작은 색점을 찍어서 표현하는 기법

> **프롬프트**
>
> 나비, 연필을 사용한 점묘법
> butterfly, stippling with pencil

크로스 해칭

- 선의 느낌을 살려서 그리는 기법
- 선을 교차해서 명암을 표현

프롬프트

춤추는 여성, 크로스 해칭 연필 드로잉
dancing woman, cross-hatching pencil drawing

크로키/제스처 드로잉

- 움직이는 동물이나 사람의 형태를 재빨리 그리는 기법
- 드로잉에 비해 거친 선이 남아 있음

프롬프트

춤추는 여성, 제스처 드로잉
dancing woman, gesture drawing

컨투어 드로잉

- 대상의 형태를 외곽선만 따라 그리는 기법
- 선을 떼지 않고 한 번에 그리는 것이 특징

프롬프트

춤추는 여성, 컨투어 드로잉
dancing woman, contour drawing

[미술 도구]

수묵화

- 먹의 농도를 이용해서 그린 그림

프롬프트

유쾌한 고릴라, 수묵화
jolly gorilla, ink wash painting, oriental style, rough touch

잉크화

- 잉크를 사용해서 그린 그림

> AI는 잉크화와 수묵화를 구분하기 어려워합니다. 수묵화는 'ink drawing'이라고 써주는 것이 좋습니다.

프롬프트

유쾌한 고릴라, 잉크화
jolly gorilla, ink drawing

수채화

- 물감을 물에 풀어서 그린 그림
- 색채가 투명하게 표현됨

프롬프트

유쾌한 고릴라, 수채화
jolly gorilla, watercolor

유화

- 안료(물감)를 기름에 개어 그린 그림
- 색채가 불투명하지만 부드럽게 표현되고, 붓터치도 잘 드러남

프롬프트

두 어린이가 모래 상자를 가지고 놀고 있다, 유화
oil paint on canvas

> 장면 묘사는 한국어만으로도 충분하지만, '유화'는 못 알아들을 수 있으니 영어 키워드를 추가해서 써주세요!

아크릴화

- 아크릴 물감을 사용해서 그린 그림
- 물을 많이 타면 수채화처럼, 물을 적게 타면 유화처럼 표현할 수 있음

프롬프트

두 어린이가 모래 상자를 가지고 놀고 있다, 아크릴화
acrylic on canvas

구아슈

- 물, 꿀, 고무를 섞어 만든 물감으로 그린 그림
- 물에 풀어 채색하지만 불투명한 것이 특징으로, 색채를 부드럽게 표현하기 좋음

프롬프트

두 어린이가 모래 상자를 가지고 놀고 있다, 구아슈
gouache

색연필

- 연필심에 안료를 섞어 넣어 여러 가지 색깔이 나게 만든 미술 도구

프롬프트

색연필로 그린 기린 그림
giraffe, colored pencil drawing

파스텔

- 색깔이 있는 가루 안료를 분필처럼 길쭉하게 굳힌 미술 도구
- 색감을 부드럽게 표현

프롬프트

파스텔로 그린 기린 그림
giraffe, pastel drawing

크레용

- 왁스와 안료를 섞어 만든 미술 도구
- 파스텔에 유성 물질을 섞은 것과 같으며 왁스 파스텔이라고도 함

프롬프트

크레용으로 그린 기린 그림
giraffe, crayon drawing

마커

- 거친 천 재질의 촉에 잉크를 적신 미술 도구로 매직, 네임펜, 보드마카 등을 사용해 선이 두껍고 뚜렷함

> 프롬프트

마커펜으로 그린 트럭 그림
truck, drawn with a marker pen

볼펜

- 금속 펜촉(금속구)에 묻어 나오는 잉크로 그림을 그리는 미술 도구
- 선이 매우 얇음

> 프롬프트

볼펜으로 그린 트럭 그림
truck, drawn with a ballpoint pen

샤프펜슬

- 심이 가는 흑연심이 들어 있고, 축의 끝부분을 돌리거나 눌러 조금씩 밀어 내어 쓰는 필기도구
- 연필보다 선을 가늘게 그릴 수 있음

> 프롬프트

샤프펜슬로 그린 트럭 그림
truck, drawn with a sharp pencil

드로잉 기법과 재료를 조합해 보세요!

드로잉 기법과 재료를 조합해 새로운 느낌의 그림을 그려낼 수 있습니다.

춤추는 여성, **잉크**로 그린 **컨투어 드로잉**

춤추는 여성, **색연필**로 그린 **컨투어 드로잉**

춤추는 여성, **두터운 붓**으로 그린 **컨투어 드로잉**

> 도구의 형태(두텁다, 둥글다, 날카롭다, 뭉툭하다 등)를 자세히 서술해서 그림을 더 구체적으로 그려낼 수 있습니다.

미술 도구의 형태

도구	형태 키워드
붓	둥근 붓(round brush), 납작 붓(flat brush), 사선 붓(angle brush), 세필 붓(fine brush)
연필	뾰족한 심(fine point), 평평한 심(flat point), 사선으로 연마한 심(chisel point), 둥근 심(round point), 부서진 심(broken point)
마커	얇은 촉(fine tip), 중간 촉(medium tip), 굵은 촉(broad tip), 브러시 촉(brush tip), 둥근 촉(bullet tip)

05-2

판화, 인쇄

판화
- 나무, 금속, 돌 등에 조각을 하고 잉크를 발라 그 무늬를 종이에 찍어서 표현하는 그림

- 목판화: woodcut
- 활판 인쇄: linotype
- 고무 판화: rubber relief print
- 금속 판화: etching, engraving
- 석판화: lithograph

> 프롬프트

파르테논 신전, woodcut relief print

도장
- 판화의 한 종류인 도장은 둥글거나 네모난 형태의 테두리를 가지고 있음

> 프롬프트

파르테논 신전, stamp style

실크 스크린 인쇄
- 천을 이용해 인쇄하는 방식

> 프롬프트

파르테논 신전, silk screen print

데칼코마니

- 종이 위에 그림물감을 두껍게 칠하고 반으로 접거나 다른 종이 를 덮어 찍어서 대칭 무늬를 만드는 회화 기법

프롬프트

접시, 다마스크 패턴 데칼코마니
dish, damask pattern decalcomanie on ceramic

05-3

스크래치 아트

스크래치 아트
• 물감이나 색상을 여러 겹 칠한 뒤 굳기 전에 긁어내 바탕색이 드러나게 해서 형체를 그리는 기법

프롬프트

골든 리트리버, scratch art

스그라피토
• 스크래치 아트와 같은 방식이지만 주로 도자기에 그리는 것을 말함

프롬프트

골든 리트리버, sgraffito pottery

스크래치 보드
• 검은색을 칠한 보드를 긁어내어 밑 바탕색을 살려 그리는 기법

프롬프트

골든 리트리버, scratchboard

05-4

입체 표현

조각

- 나무, 돌, 금속, 동물의 뼈 등의 재료를 새기거나 깎아서 입체 형상을 만드는 조소(sculpture) 기법

소재를 바꿔 가며 '조각' 키워드를 사용하면 좋습니다.
- 나무: wood • 대리석: marble • 청동: bronze

프롬프트

캥거루, 조각, wood carving

소조

- 점토(찰흙), 석고 등을 빚거나 덧붙여서 형상을 만드는 조소 기술
- 테라코타(terra-cotta): 점토로 빚어낸 소조물을 구워 딱딱하게 만든 것

프롬프트

캥거루, 점토 모델링, modeling

주물(캐스팅)

- 틀을 만들고 그 안에 일정 시간이 지나면 굳는 물질을 부어 형상을 만들어 내는 기술
- 석고, 청동 등의 재질로 표현됨

프롬프트

캥거루, 석고 캐스팅 조각상, casting

종이 공예

- 종이를 이용해 복잡한 기계 움직임이나 구조를 만드는 기술
- 기계 움직임과 구조를 구체적으로 서술해 주면 좋음

프롬프트

코뿔소, 종이 공예, paper engineering

팝업 북

- 페이지를 넘길 때 종이 구조물이 입체로 올라오며 펼쳐지는 책

프롬프트

팝업 북, 책에서 종이로 된 건물이 입체적으로 튀어나온다.
pop-up book

종이접기

- 종이를 접어서 사물의 형태와 구조를 다양하게 만드는 것

프롬프트

해바라기, 종이접기, origami

키리가미

- 종이를 자르고 붙여 입체 구조물을 만드는 기술

프롬프트

세련된 도시의 시청 광장, 입체적으로 표현, kirigami

레이어드 페이퍼

- 형태를 오려 낸 종이를 여러 겹 겹쳐서 쌓아 표현하는 종이 공예

프롬프트

평화로운 산골 마을, 색감이 화려한 레이어드 페이퍼
layered paper

퀼링

- 종이를 자르고 이어 붙인 후 여러 겹으로 만 형태를 세워 붙여 대상을 표현하는 기법

프롬프트

강아지, 종이 퀼링, quilling

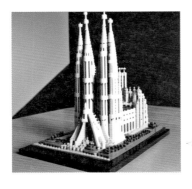

레고 아트 / 브릭 아트

- 레고와 같은 블록을 사용해 2D, 3D 작품을 만드는 것

프롬프트

사그라다 파밀리아, 레고 아트, lego art

05-5

질감 표현

[재료]

한지
• 한지의 얇지만 질긴 질감을 잘 드러나게 표현

프롬프트

한지로 만든 축구공, korean paper

실크
• 부드럽고 흘러내리는 듯한 실크 재질을 표현

프롬프트

실크로 만든 축구공, silk

나무
• 나무를 깎아 만든 듯 나무의 무늬와 결을 표현

프롬프트

나무로 만든 축구공, wood

돌
- 돌의 거칠고 무거워 보이는 느낌을 표현

프롬프트

돌로 만든 축구공, stone

모래
- 작은 모래 알갱이가 뭉쳐 피사체를 형성

프롬프트

모래로 만든 축구공, sand

대리석
- 대리석의 고급스러운 무늬와 매끄러우면서 단단한 재질감을 표현

프롬프트

대리석으로 만든 축구공, marble

얼음
- 반투명하고 매끄러운 얼음 질감을 표현

프롬프트

얼음으로 만든 축구공, ice

유리

- 투명해서 피사체의 반대편에 있는 사물이 비치는 것까지 표현됨
- 단단하지만 깨지기 쉽다는 특징이 있음

프롬프트

유리로 만든(유리 공예) 축구공, glass

스테인드 글라스

- 금속산화물을 녹여 붙이거나 표면에 안료를 구워서 붙인 색판 유리 조각을 접합시키는 방법으로 채색한 유리판
- 주로 유리창을 만들 때 쓰임

프롬프트

스테인드글라스로 만든 축구공, stained glass

금속

- 강하고 단단하지만 부식되기 쉬운 재질로, 철이나 알루미늄으로 만든 사물을 표현

프롬프트

금속 재질로 만든 축구공, metallic material

플라스틱

- 가볍고 탄성이 있는 물체를 표현할 때 사용
- 병, 안경, 장난감 등 일상생활에서 사용하는 플라스틱 제품 질감을 표현

프롬프트

노란색과 파란색 플라스틱으로 만든 축구공, plastic

이처럼 공예는 다양한 소재를 사용합니다. 이외의 공예 종류를 좀 더 알아보겠습니다.

- 은
- 주얼리
- 모자이크
- 도자기
- 유기
- 비누
- 비즈

- 가죽
- 염색
- 펠트
- 인형
- 뜨개질
- 점토
- 양초

- 레진
- 칠보
- 칠
- 죽세
- 화각
- 동양 매듭
- 리본

- 포장
- 냅킨
- 식물
- 프리저브드 플라워
- 캐리커처
- 풍선 아트
- 재활용

05-6

디지털 미디어

3D 모델링

- 3차원 공간에 객체나 형상을 디지털로 표현
- 재질, 조명, 각도, 움직임 등을 다양하게 구현
- 블렌더(Blender), 마야(Maya), 3D 맥스(3D Max), Z브러시(ZBrush), 시네마 4D(Cinema 4D), 언리얼 엔진(Unrealengine) 등 모델링 프로그램의 영어 이름을 키워드로 사용하면 좋음

프롬프트

파란색 장미꽃 한 송이, 3D 모델링, 3D modeling

래스터 그래픽

- 이미지의 화소로 표현한 디지털 이미지
- 2D, 3D로 픽셀을 쌓아 이미지를 만듦

프롬프트

파란색 장미꽃 한 송이, 래스터 그래픽, raster graphic

벡터 그래픽

- 점, 선, 곡선, 도형 등 다양한 시각적 형상을 수학적 표현식으로 그린 이미지
- 래스터 그래픽 이미지는 확대했을 때 화소가 보이지만, 벡터 그래픽은 확대한 후에도 수식으로 그림을 다시 그리기 때문에 해상도가 유지됨

프롬프트

파란색 장미꽃 한 송이, 벡터 그래픽, vector graphic

로 폴리
- 3D로 입체적인 형상을 만들 때 매끄러운 곡면을 다각형 여러 개로 표현하는 기술

프롬프트

조그마한 섬, 바위, 나무, 호수가 있는 게임 스타일의 풍경화, 로 폴리, low polygon rendering

픽셀 아트
- 디지털 이미지의 픽셀 하나하나를 그림으로 그리는 기술
- 1980~1990년대 비디오 게임에서 볼 수 있는 그래픽 스타일

프롬프트

조그마한 섬, 바위, 나무, 호수가 있는 게임 스타일의 풍경화, 픽셀 아트 pixel art rendering

3D 렌더링
- 3D 모델을 실제 물체처럼 화면에 렌더링하는 기술
- 솔리드웍스(Solidworks), 카티아(CATIA), 라이노(Rhino), 키샷(Keyshot) 등 3D 렌더링 프로그램의 영어 이름을 키워드로 사용하면 좋음

프롬프트

자동차 엔진, 3D 렌더링, keyshot rendering

05-7

일러스트레이션

그림 도감

- 식물 도감: illustrated plant guide
- 동물 도감: animal book

프롬프트

illustrated plant guide

스티커

- 선전 광고, 상표로 붙일 수 있게 만든 종잇조각

프롬프트

엠파이어 스테이트 빌딩, 스티커 일러스트, sticker

애니메이션

- 만화나 인형을 이용하여 마치 살아 있는 것처럼 생동감 있게 촬영한 영화. 또는 그 영화를 만드는 기술

프롬프트

강아지와 고양이가 마주 보고 있다. 매서운 눈빛. 강아지는 검은색 털, 고양이는 흰색 털에 주황색 얼룩, 2D 애니메이션, animation

지도

- 고대 지도: mythological map
- 보이니치 문서: Voynich manuscript

프롬프트

네모난 파피루스 고대 지도, 지형이 단순하게 표현됨, 경로는 점선으로 표현, 이집트 상형 문자로 지명을 표시, 지도 중앙에는 빛나는 보석 그림, mythological map

등축 투영도

- 3차원 물체를 평면에 표현할 때 x, y, z 세 좌표축이 이루는 각도가 모두 120도를 이루는 경우를 일컫는 용어
- 건축, 제품 디자인 등 실제로 있는 듯한 이미지를 만들어야 할 때 유용함

프롬프트

엠파이어 스테이트 빌딩 미니어처, 등축 투영도, isometric

신문

- 사진이 신문 기사의 삽화로 들어간 것 같은 이미지를 만들 때 유용함

프롬프트

신문에 실린 엠파이어 스테이트 빌딩 사진, newspaper

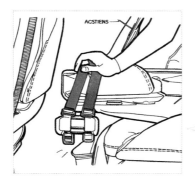

설명서

- 제품을 사용하는 방법을 소개하는 일러스트 이미지가 필요할 때 사용하면 좋음

프롬프트

승객 안전 가이드라인, 안전벨트를 매는 장면, 안전벨트는 눈에 띄는 색상, 그 외 그림은 흑백, 설명서, instruction manual

특허 도면
- 제품의 특허 도면을 그려야 할 때 시안으로 참고하기 좋은 이미지를 만들 수 있음

프롬프트

머그컵, 특허 도면, patent drawing

설계도, 청사진
- 특정 건물 또는 사물의 설계도를 그릴 때 대략적인 느낌을 구상하는 단계에서 활용하기 좋음

프롬프트

3층 빌딩 설계 도면, blueprint

분해도
- 사물이 분해된 상태의 이미지가 필요할 때 유용함
- 제품의 구성 요소가 궁금할 때 활용해도 좋음

 프롬프트

카메라 부품 분해도, exploded view

콜라주
- 화면에 종이, 인쇄물, 사진 등을 오려 붙여서 작품을 만드는 기법
- 광고, 포스터 등에 많이 사용

프롬프트

로마 관광지 사진 콜라주, collage

06

지역/시대/화가별
화풍 키워드 161가지

과거의 화풍이나 유명한 작가의 그림을 오마주해 재미있는 이미지를 만들어
볼까요? 방법도 간단합니다. 프롬프트에 작가의 이름이나 작품명을 넣으면
되지요. 물론 다른 사람의 작품을 활용하는 것이니 저작권에 문제가 생기지
않도록 잘 알아보는 것도 중요합니다.

06-1

지역, 시대별 화풍

[지역]

한국
- 화선지나 비단 위에 먹과 물에 녹는 색소를 사용한 부드러운 붓 터치 요소가 특징
- 재료에 따라 수묵화, 수묵담채화, 수묵채색화로 나뉨

> 프롬프트

한국화, 풍경화, 기와집이 있는 수묵화

일본
- 한중일 가운데 가장 실용적이고 사실적인 화풍을 보임
- 우키요에: 무로마치시대부터 에도시대 말기까지 유행했던 회화 양식으로, 주로 여인과 가부키 배우, 명소의 풍경 등 세속적인 주제를 담고 있음

> 프롬프트

일본화, 우키요에, 물결이 이는 파도

중국
- 한국화에 비해 진한 먹물을 사용해 어둡게 보이는 것이 특징

> 프롬프트

고대 중국 수묵화, 장군과 병사들

미국

- 실크 스크린 인쇄, 콜라주, 아세테이트 등 예술의 독창성과 대중성을 동시에 보여 주는 다양한 기법이 있음
- 팝 아트: 대담한 색채와 명확한 윤곽선을 사용하며, 반복과 조합이 두드러짐

프롬프트

경찰관, 팝 아트

이탈리아 르네상스

- 원근법을 통해 현실적인 이미지를 표현
- 미술 작품에서는 유화 물감을 사용하며 명암 표현을 통해 그림을 더욱 풍성하게 만듦

프롬프트

경찰관, 이탈리아 르네상스 석고 조각상

고대 이집트

- 이집트의 벽화는 보통 눈은 정면, 코는 측면을 바라보는 것이 특징

프롬프트

경찰관, 고대 이집트 벽화 스타일

어때요? '경찰관'이라는 같은 키워드를 입력해도 지역(나라)과 그 지역에서 유행하던 화풍에 따라 완전히 다른 결과물이 나왔죠? 이처럼 지역별 키워드는 다양한데 그 밖에 어떤 키워드가 있는지 좀 더 살펴봅시다.

- 영국 브리티시 팝 아트
- 프랑스 바로크, 고딕
- 로마 벽화, 로마네스크 건축
- 그리스 조각상, 건축, 미술
- 중세 유럽풍

[미술 사조]

인상주의

- 자연과 삶의 모습을 가능한 한 객관적으로 바라봄
- 빛이 계절에 따라 달라지면서 사물 역시 다르게 보이는 것을 표현

> 프롬프트

과일 바구니, 정물화, 인상주의 스타일, impressionism

극사실주의

- 사실적인 그림을 그리는 것이 목적이나, 그 사실감에는 화가의 주관이 들어가 있어 화가의 의도에 따라 표현이 달라짐

> 프롬프트

과일 바구니, 정물화, 극사실주의 스타일, hyperrealism

초현실주의

- 자유로운 상상력을 활용하여 꿈과 환상, 무의식의 세계를 탐구하고 작품으로 표현

> 프롬프트

과일 바구니, 정물화, 과일이 녹아 내리는 느낌, 초현실주의 스타일, surrealism

비잔틴 벽화

- 교회와 궁전의 벽면에 그려진 그림으로 주로 기독교적 주제를 다룸
- 금박과 선명한 색채가 특징

> 프롬프트

기사, 비잔틴 벽화, Byzantine fresco

로마네스크 벽화
- 평면적인 스타일로, 인물과 사물은 단순한 형태와 크기로 그려짐
- 선명하고 강조된 윤곽선이 특징

> 프롬프트

기사, 로마네스크 벽화, Romanesque fresco

고딕 벽화
- 자세하고 현실적으로 그려 원근법과 깊이감이 강조됨
- 다양한 색상의 팔레트를 사용해 화려하고 다채로운 작품이 많음

> 프롬프트

기사, 고딕 벽화, Gothic fresco

시대/사조별로 다양한 키워드가 있으니 활용해 보세요.

고대	이집트, 메소포타미아, 그리스, 로마, 카타콤, 비잔틴
5~15세기	중세(medieval), 로마네스크, 고딕
14~16세기	르네상스, 매너리즘
17~18세기	바로크, 로코코
19세기	신고전주의, 낭만주의, 사실주의, 자연주의, 인상주의, 신인상주의, 후기인상주의, 상징주의, 아르누보, 아카데미시즘
20세기	극사실주의, 입체주의, 초현실주의, 누보레알리즘, 다다이즘, 독일 표현주의, 플럭서스, 신조형주의, 절대주의, 구성주의, 팝 아트, 추상표현주의, 옵 아트, 키네틱아트, 미니멀아트

[형식]

매뉴스크립트

- 인쇄가 등장하기 이전 시대에 사람이 손으로 직접 작성한 문서
- 그림과 글, 수식, 악보, 지도 등을 손으로 직접 그렸기 때문에 투박한 것이 특징

> **프롬프트**
>
> 3명이 식탁에 둘러앉아 만찬을 하는 장면, 매뉴스크립트, manuscript

벽화

- 동굴, 나무 벽 따위에 그리는 것이 일반적임
- 구석기 시대에는 광물을 색소로 사용하여 그림을 그렸기 때문에 빨간색, 노란색, 검은색을 주요 색상으로 사용함
- 프레스코: 벽에 석회를 바른 후 그것이 마르기 전에 그림을 그리는 기법

> **프롬프트**
>
> 번개의 신, 라스코 동굴 벽화 스타일, fresco

템페라

- 섬세하고 통제된 붓질로 인해 복잡한 디테일과 매끄러운 표현이 가능
- 건조가 빠르고 물감층이 얇기 때문에 평평하고 광택이 없는 것이 특징

> **프롬프트**
>
> 번개의 신, 산드로 보티첼리 템페라, tempera

금박

- 금빛을 내기 위해 금박을 직접적으로 사용

> **프롬프트**
>
> 번개의 신, 금박, frescos and gilded carvings of christianity

이 외에도 다양한 미술사 키워드가 있으니 활용해 보세요.

- 초상화(portrait)
- 풍경(landscape)
- 정물화(still life)
- 우화(allegorical)
- 비구상적(non-representational)
- 자연(nature)
- 상상(imagination)
- 감정(emotion)
- 개인주의(individualism)
- 도시(urban scenes)
- 현대 일상(modern life)

- 레저 활동(leisure activities)
- 병치(juxtaposition)
- 꿈(dream)
- 무의식(subconsciousness)
- 판타지(fantasy)
- 부조리(absurdity)
- 색채(color)
- 텍스처(texture)
- 형식(form)
- 엑조티시즘(exoticism)
- 일루미네이션(illumination)

06-2

화가별 화풍

이미지 생성 AI는 프롬프트에 유명한 화가와 관련된 키워드를 넣는 것만으로도 그들의 스타일과 닮은 그림을 그려 줍니다. 화가의 이름만 넣어도 좋고, 화가가 그린 여러 그림 중에서 특별히 원하는 화풍이 있다면 그 작품을 콕 집어 프롬프트에 넣는 것도 좋습니다. 화가의 붓터치나 색감 등 세세한 요소를 언급해도 괜찮아요.

화가 화풍을 활용하여 프롬프트 작성하기

알폰스 무하, 보티첼리, 빈센트 반 고흐 세 화가의 대표 작품을 예시로 들어 화풍을 활용한 프롬프트 작성법을 알아 보겠습니다.

알폰스 무하의 〈백합〉

알폰스 무하(Alfons Mucha)의 작품 〈백합(The Lily)〉을 활용해 이미지를 만들어 보겠습니다.

일러스트, 노란 단발머리의 20대 여성, 흰 피부에 큰 갈색 눈, 작은 코, 작은 입, 주근깨 약간, 헤드폰을 끼고 있음, 하얀 긴팔 셔츠에 빨간 체크무늬 조끼, 검은 치마. alphonse mucha style, his paint 'lily'.

Illustration of a woman in her 20s with short yellow hair, fair skin, big brown eyes, small nose, small mouth, some freckles, wearing a headphone, a white long-sleeved shirt, a red checkered vest, and a black skirt. alphonse mucha style, his paint 'lily'.

뤼튼

빙 이미지 크리에이터

미드저니

보티첼리의 〈비너스의 탄생〉

산드로 보티첼리(Sandro Botticelli)의 〈비너스의 탄생〉 화풍을 응용해 프롬프트를 작성해 보겠습니다.

이렇게 써보세요!

일러스트, 노란 단발머리의 20대 여성, 흰 피부에 큰 갈색 눈, 작은 코, 작은 입, 주근깨 약간, 헤드폰을 끼고 있음, 하얀 긴팔 셔츠에 빨간 체크무늬 조끼, 검은 치마. Sandro Botticelli style, his paint 'Birth of Venus'.

Oil paint, a woman in her twenties with short yellow hair, fair skin, big brown eyes, a small nose, small mouth, some freckles, wearing a headset, a white long-sleeved shirt, a red checkered vest, and a black skirt. Sandro Botticelli style, his paint 'Birth of Venus'.

뤼튼

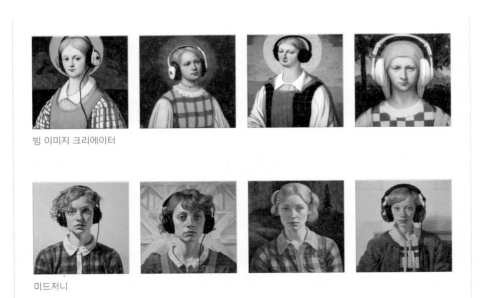
빙 이미지 크리에이터

미드저니

빈센트 반 고흐의 〈자화상〉

빈센트 반 고흐(Vincent van Gogh)의 작품 〈자화상(Self-Portrait)〉을 활용해 이미지를
만들어 볼 수 있습니다.

이렇게 써보세요!

일러스트, 노란 단발머리의 20대 여성, 흰 피부에 큰 갈색 눈, 작은 코, 작은 입, 약간의 주근깨, 헤드폰을 끼고 있음, 하얀 긴팔 셔츠에 빨간 체크무늬 조끼, 검은 치마. Vincent van Gogh style, his paint 'Self-portrait'.

Oil paint, a woman in her twenties with short yellow hair, fair skin, big brown eyes, a small nose, small mouth, some freckles, wearing a headset, a white long-sleeved shirt, a red checkered vest, and a black skirt. Vincent van Gogh style, his paint 'Self-portrait'.

뤼튼

빙 이미지 크리에이터

미드저니

세기별 화풍 키워드 살펴보기

5세기부터 19세기까지 세기별로 유행하던 화풍을 살펴보겠습니다. 각 작품의 제목
과 화가를 프롬프트에 넣으면 그 작품의 화풍을 살려 이미지를 만들 수 있습니다.

[5~15세기]

얀 반 에이크
Jan van Eyck
〈The Arnolfini Portrait〉

로히어르 판데르 베이던
Rogier van der Weyden
〈Portrait of a Woman〉

시모네 마르티니
Simone Martini
〈Madonna and Child〉

피에트로 로렌체티
Pietro Lorenzetti
〈Madonna with Child〉

조토 디 본도네
Giotto di Bondone
〈The Adoration of the Magi〉

[14~16세기]

레오나르도 다빈치
Leonardo da Vinci

〈Mona Lisa〉

미켈란젤로
Michelangelo

〈Head of a Lost Soul〉

라파엘로
Raffaello

〈Madonna Del Cardellino〉

히에로니무스 보스
Hieronymus Bosch

〈The Adoration of the Magi〉

조르조네
Giorgione

〈The 'Gattamelata' Man in
Armour with a Squire〉

조르조 바사리
Giorgio Vasari

〈The emperor Massimiliano
Lifts the Siege from Livorno〉

한스 홀바인
Hans Holbein
〈Portrait of Henry VIII〉

알브레히트 뒤러
Albrecht Dürer
〈Salvator Mundi〉

마티아스 그뤼네발트
Matthias Grünewald
〈The Crucifixion〉

산드로 보티첼리
Sandro Botticelli
〈Birth of Venus〉

피터르 브뤼헐
Pieter Bruegel
〈The Tower of Babel〉

안니발레 카라치
Annibale Carracci
〈The Coronation of the Virgin〉

엘 그레코
El Greco
〈Madonna and Child with Saint
Martina and Saint Agnes〉

파르미자니노
Parmigianinor
〈Madonna and Child
with Angels〉

[17~18세기]

렘브란트
Rembrandt

⟨Tronie' of a Man with
a Feathered Beret⟩

디에고 벨라스케스
Diego Velázquez

⟨Las Meninas⟩

에드가 드가
Edgar Degas

⟨The Ballet Class⟩

에두아르 마네
Édouard Manet

⟨Berthe Morisot with
a Bouquet of Violets⟩

귀도 레니
Guido Reni

⟨Assumption of the Virgin⟩

장 시메옹 샤르댕
Jean Siméon Chardin

⟨A Vase of Flowers⟩

장 앙투안 바토
Jean Antoine Watteau

⟨The Italian Comedians⟩

페테르 파울 루벤스
Peter Paul Rubens

⟨The Fall of Phaeton⟩

프란시스코 고야
Francisco Goya

⟨The Third of May 1808⟩

외젠 들라크루아
Eugène Delacroix

〈Liberty Leading the People〉

조지프 말로드 윌리엄 터너
J. M. W. Turner

〈Venice, from the Porch of
Madonna della Salute〉

클로드 모네
Claude Monet

〈The Beach at
Sainte-Adresse〉

피에르 오귀스트 르누아르
Pierre Auguste Renoir

〈Two Sisters(on the Terrace)〉

카미유 피사로
Camille Pissarro

〈The Pont-Neuf〉

폴 고갱
Paul Gauguin

〈Woman with a Flower〉

윌리엄 아돌프 부그로
William Adolphe Bouguereau

〈Amour À L'affût〉

자크 루이 다비드
Jacques Louis David

〈Napoleon at the
Saint-Bernard Pass〉

카를 블로흐
Carl Bloch

〈Christ Blessing
the Little Child〉

앙리 드 툴루즈로트레크
Henri de Toulouse Lautrec

〈Au Moulin Rouge〉

오딜롱 르동
Odilon Redon

〈Flower Clouds〉

빈센트 반 고흐
Vincent van Gogh

〈Venice, from the Porch of
Madonna della Salute〉

장 루이 포랭
Jean Louis Forain

〈Dead German Soldier〉

윌리엄 블레이크
William Blake

〈Satan Exulting over Eve〉

장 프랑수아 밀레
Jean François Millet

〈Gleaners〉

도미니크 앵그르
Dominique Ingres

〈Madame Jacques-Louis
Leblanc(Françoise Poncelle)〉

귀스타브 쿠르베
Gustave Courbet

〈Self-portrait〉

알프레드 시슬레
Alfred Sisley

Aqueduct at Marly

같은 화가여도 작품마다
느낌이 달라요!

폴 세잔
Paul Cézanne
〈Seven Bathers〉

폴 세잔
Paul Cézanne
〈The Card Players〉

메리 카사트
Mary Cassatt
〈The Boating Party〉

베르트 모리조
Berthe Morisot
〈On the Balcony〉

베르트 모리조
Berthe Morisot
〈The Mother and Sister
of the Artist〉

메리 카사트
Mary Cassatt
〈The Coiffure〉

[19세기]

바실리 칸딘스키
Wassily Kandinsky
〈Gewebe〉

조르주 브라크
Georges Braque
〈Nature Morte au Violon
(Still Life with a Violin)〉

구스타브 클림트
Gustav Klimt
〈The Kiss(Lovers)〉

막스 베크만
Max Beckmann
〈Still Life with Two Large
Candles〉

에른스트 루트비히 키르히너
Ernst Ludwig Kirchner
〈Fränzi in front of
Carved Chair〉

에드바르 뭉크
Edvard Munch
〈The Scream〉

이 외에 19세기 작가 이름을 키워드로 활용해 보세요.

- 살바도르 달리(Salvador Dalí)
- 르네 마그리트(René Magritte)
- 막스 에른스트(Max Ernst)
- 마크 로스코(Mark Rothko)
- 알베르토 자코메티(Alberto Giacometti)
- 앤디 워홀(Andy Warhol)
- 마르셀 뒤샹(Marcel Duchamp)

- 호안 미로(Joan Miró)
- 로버트 라우센버그(Robert Rauschenberg)
- 존 발데사리(John Baldessari)
- 세리 레빈(Sherrie Levine)
- 앙리 마티스(Henri Matisse)
- 파블로 피카소(Pablo Picasso)

단, 화가의 이름과 작품, 화풍을 프롬프트에 쓸 때 주의할 점이 하나 있습니다. 바로 저작권 문제입니다. 저작권이 만료되지 않은 작가의 작품을 이용해서 만든 이미지를 함부로 게시하거나 상업적으로 이용할 경우 법적 문제가 생길 수 있습니다.

07

프로 사진가의
촬영 기법 키워드 100가지

이미지는 어떤 각도, 조명, 화질을 적용하느냐에 따라 완전히 달라집니다.
7장에서는 이미지의 완성도를 한층 높여 주는 촬영 기법 키워드를 소개합니
다. 지금까지 만들었던 이미지에 이 키워드를 하나씩 넣어 보세요.

07-1

화각과 구도

[화각]

이미지를 생성할 때 피사체를 얼마나 보이게 할지, 즉 화각을 설정할 수 있습니다.

1인칭 시점
- 관찰자의 입장에서 바라본 시선으로 촬영하여 담은 것

프롬프트

POV the viewer watch the moai statue,
a hand(POV) that pointing moai

항공 샷 / 조감도
- 비행 중인 항공기에서 위에서 아래로 지상을 내려다보는 각도로 찍는 촬영 기법
- 새가 지상을 내려다보는 듯한 각도

프롬프트

moai statue, aerial shot, bird's eye view

접사
- 사물을 아주 가까이에서 찍는 촬영 기법

프롬프트

moai statue, extreme close up

클로즈업
- 인물, 사물, 배경을 확대해서 찍는 촬영 기법

프롬프트

moai statue, close up

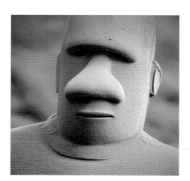

미디엄 숏
- 인물의 상반신에 집중하여 촬영하는 방법

프롬프트

moai statue, medium shot

전신 숏
- 피사체를 화면에 꽉 채워 찍는 촬영 기법으로 풀 숏이라고 함
- 인물의 경우 머리끝부터 발끝까지 전신이 나오는 것을 의미함

프롬프트

moai statue, full shot

롱 숏 / 와이드 숏
- 피사체를 화각에 모두 담지 못해 카메라를 수평으로 이동하며
  장면을 나누어 담는 촬영 기법

프롬프트

lmoai statue, ong shot / wide shot

익스트림 롱 숏

- 원거리에서 촬영하는 기법으로, 찍는 장소의 분위기를 화면에 풍부하게 담을 수 있음

프롬프트

moai statue, extreme long shot

다음을 보면 화각의 개념을 좀 더 쉽게 이해할 수 있습니다. 얼마나 가까이에서, 그리고 어떤 방향에서 바라보는 이미지를 만들 것인지 감을 잡는 것이 중요합니다.

[구도]

프레임 안에서 피사체를 어떤 각도로 바라볼 것인지 설정할 수 있습니다. 이것을 앵글(angle)이라고 합니다.

어깨 너머로 촬영하는 각도
- 두 피사체를 하나의 프레임에 보여 줄 때 특정 대상이 다른 대상을 바라본 모습을 표현하기에 좋음

프롬프트

moai statue, over the shoulder angle

기울어진 각도
- 수평선과 수직선이 옆으로 기울면서 무게중심이 사선으로 쏠리고, 이에 따라 운동감과 속도감이 증가함
- 활력과 흥분감을 조성하는 동시에 긴장감과 불안감까지 느낄 수 있음

프롬프트

moai statue, dutch angle, canted angle

앵글을 정했다면 그다음으로 구도를 잡습니다. 구도란 프레임 안에 피사체를 배치하는 것을 말합니다.

2분할/3분할 구도와 같이 프레임을 분할한 후 피사체를 위치시키는 수평 분할 방법과 삼각형/원형/곡선/방사형/대칭 구도 등 피사체 자체를 모양에 맞게 만들어 내는 방법이 있습니다. 여느 속성과 마찬가지로 이미지를 어떤 구도로 형상화할지 프롬프트에 명확하게 작성한다면 더욱 효과적으로 이미지를 추출할 수 있습니다.

그럼 이어서 구도의 종류와 예시를 살펴보겠습니다.

2분할 구도

3분할 구도

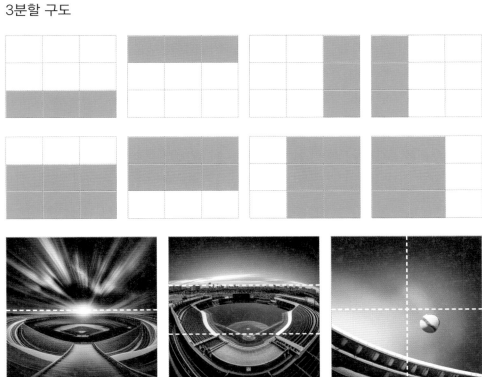

2분할 구도   3분할 구도   4분할 구도

그 밖의 구도

수평선 구도 외에 삼각형 구도, 역삼각형 구도, 원형 구도, 곡선 구도, 대각선 구도, 방사형 구도, L자 구도, T자 구도, 대칭 구도, 터널 구도, 액자 구도 등이 있습니다.

삼각형 구도   역삼각형 구도   원형 구도   곡선 구도   대각선 구도   방사형 구도

중앙원 구도

삼각형 구도

역삼각형 구도

대각선 구도

방사형 구도

곡선 구도

대칭 구도

터널 구도

액자 구도

L자 구도

T자 구도

촬영 기법 조합하기

앞서 배운 화각과 구도의 키워드를 조합하면 더 정교한 이미지를 만들 수 있습니다. 다음 예시를 보며 어떤 방식으로 조합해야 할지 고민해 보고 이미지를 직접 만들어 보세요!

전신 숏, 아래에서 위로 올려다보는 각도(full shot + worm's eye view)

클로즈업, 아래에서 위로 올려다보는 각도(close up + worm's eye view)

전신 숏, 조감도(full shot + bird's eye view)

로 레벨, 삼각형 구도(low level + triangle composition)

로 레벨, 역삼각형 구도(low level + inverted triangle composition)

로 레벨, 더치 앵글(기울어짐)
(low level + dutch angle)

전신 숏, 패닝 효과(속도감)
(full shot + panning)

패닝 효과(속도감), 더치 앵글(기울어짐)
(panning + dutch angle)

전신 숏, 원근감(full shot + perspective)

지금 소개한 예시 중 몇몇은 눈높이에서 바라보는지, 눈높이보다 높거나 낮은 위치에서 바라보는지 설정하는 레벨 프롬프트도 다루고 있어요. 다음 설명을 참고하여 레벨과 앵글의 차이점까지 살펴보세요.

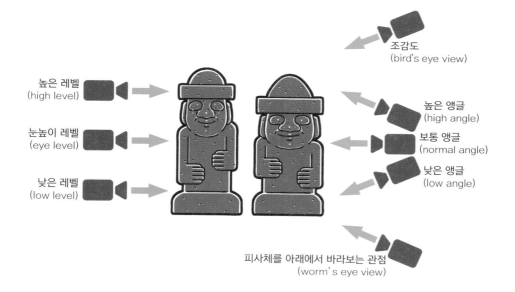

07-2

조명

[빛의 양]

밝게
• 빛의 양을 많이 들여 피사체를 잘 보이게 표현해야 할 때 사용

프롬프트

스탠드 마이크, high key

어둡게
• 피사체 주위를 어두운 조명으로 감싸는 방식

프롬프트

스탠드 마이크, low key

스포트라이트
• 무대의 한 부분 또는 특정 피사체에 특별히 빛을 집중시키는 조명 방식

프롬프트

스탠드 마이크, spotlight

[광원의 위치]

측광
- 피사체의 옆에서 카메라로 들어오는 빛

프롬프트

여성, side light

역광
- 피사체의 뒤에서 카메라로 들어오는 빛

프롬프트

여성, back light

바운스 라이트(간접 조명)
- 빛이 천장에 한 차례 부딪혔다가 카메라로 들어오는 빛
- 빛의 세기가 약해져 화면이 부드러워지는 효과를 줄 수 있음

프롬프트

여성, bounce light

[빛을 이용한 효과]

림 라이트
- 역광으로 피사체의 윤곽선이 밝게 빛나는 현상

프롬프트

들판의 여성, rim light

렌즈 플레어

- 빛이 렌즈에서 퍼져서 특이한 무늬를 남기는 현상

프롬프트

하늘, lens flare

보케

- 배경 초점은 흐릿하게, 피사체의 초점은 뚜렷하게 해서 찍는 촬영 기법
- 화면에서 강조하고 싶은 요소를 돋보이게 함

프롬프트

도시를 바라보는 남성, bokeh

선버스트

- 구름 사이로 뻗어 나오는 햇살처럼 찍는 촬영 기법

 프롬프트

숲 속의 남성, sunburst

스타버스트

- 별빛에서 방사형으로 뻗어 나오는 빛처럼 찍는 촬영 기법

프롬프트

은하, starburst

장노출

- 카메라 조리개를 길게 열어 두어 빛을 오랫동안 찍는 촬영 기법
- 별의 궤적을 촬영할 때 사용함

프롬프트

해질녘 하늘, long exposure

[빛을 이용한 분위기/온도 연출]

은은한 분위기

- 피사체 주위로 빛이 퍼지게 표현하여 은은한 분위기를 조성

프롬프트

사람 모양 트로피, mood light

따뜻함

- 노란색 계열의 빛을 비춰 따뜻한 느낌을 연출

프롬프트

사람 모양 트로피, warm light

차가움

- 푸른색 계열의 빛을 비춰 차가운 느낌을 연출

프롬프트

사람 모양 트로피, cool light

07-5

화질

[화질]

고화질
- 선명하고 또렷한 이미지를 만들어야 할 때 높은 화질과 관련된 키워드를 사용
- 해상도 또는 이미지 품질을 정확히 입력하면 더 정확한 이미지를 얻을 수 있음

프롬프트

슈퍼카, 사진, 고화질, supercar, picture, high definition

- high definition
- 4K
- 8K
- 720p
- 1080p
- 1250p
- retina display
- HDR
- HD
- QHD

저화질
- 고전 이미지를 얻고자 할 때 유용함

프롬프트

자동차, 사진, car, picture, VHS resolution

- low resolution
- SD
- LD
- 240p
- 360p
- 480p
- VHS(옛날 비디오 화질)
- CRT

[선명도]

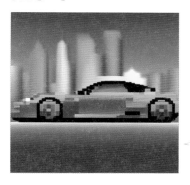

픽셀화
- 비트맵 이미지를 확대해서 깨진 것처럼 이미지가 하나하나의 픽셀로 이루어진 형태

프롬프트

슈퍼카, 픽셀화된 화질, supercar, pixelated

흐림 효과
- 주변부를 흐릿하게 하여 속도감을 연출하거나 뿌옇고 불분명한 느낌을 표현할 때 사용

프롬프트

슈퍼카, 속도감 있는 흐릿한 화질, supercar, blurry with speed

노이즈
- 이미지에 노이즈가 낀 듯한 느낌을 표현할 때 유용함
- 노이즈 화질을 표현할 때는 grainy가 더 적합함

프롬프트

자동차, 거친 노이즈 화질, car, being displayed in grainy

- 픽셀화된/계단 현상이 있는(pixelated)
- 선명한(clear, sharp)
- 노이즈(noise)
- 흐린/불분명한(blurry, fuzzy)
- 생동감 있는/생생한(vivid)
- 입자 노이즈가 있는(grainy)

스타일을 완성하는
분위기/감정 키워드 468가지

프롬프트에는 이미지를 묘사하는 정보와 더불어 분위기와 감정도 담을 수 있습니다. 시각적인 표현 중심으로 프롬프트를 잘 썼다 해도 밝고 따뜻한 분위기와, 차가운 분위기에 따라 결과물이 완전히 달라지죠. 8장에서는 분위기와 감정을 표현하는 키워드를 알아보고 이미지에 특정 느낌을 담아 완성도를 더욱 높여 보겠습니다.

08-1

분위기

따뜻한 분위기

따뜻한 분위기를 표현하는 프롬프트 키워드를 항목별로 살펴보겠습니다. 수식 키워드만 달리 넣어 줘도 완전히 다른 분위기의 이미지를 만들 수 있습니다.

[인물]

해군 장교

자상한 해군 장교

열정적인 해군 장교

병사를 칭찬하는 해군 장교

병사를 달래는 해군 장교

응원하는 해군 장교

인물의 따뜻한 성격을 표현하는 키워드

- 온화하다
- 친절하다
- 헌신적이다
- 열정적이다

- 살갑다
- 자상하다
- 친절하다
- 중후하다

- 곰살맞다
- 멋지다
- 다정하다
- 너그럽다

- 온정적이다
- 장난기 많다
- 편안하다
- 잔잔하다

인물의 따뜻한 행동, 상태를 표현하는 키워드

- 쓰다듬다
- 어루만지다
- 달래다
- 칭찬하다

- 미소 짓다
- 껴안다
- 돌보다
- 호기롭다

- 지지하다
- 응원하다
- 달리다
- 뛰다

- 감격하다
- 감동하다
- 훈훈하다
- 나긋나긋하다

[동물]

호랑이

부드러운 호랑이

귀여운 호랑이

동물을 따뜻하게 표현하는 키워드

- 귀엽다
- 사랑스럽다

- 포근하다
- 푸근하다

- 보드랍다
- 부드럽다

- 털이 많다

[사물]

아파트

달콤한 아파트

상응하지 않는 표현도
자유롭게 써봐요!

앤티크한 아파트

[배경 / 상황]

계곡

후덥지근한 계곡

꽃이 피는 계곡

[공간 / 공기]

밀실

화려한 밀실

로맨틱한 밀실

정적인/차가운 분위기

이번에는 정적인/차가운 분위기를 자아내는 프롬프트 키워드를 살펴보겠습니다.

[인물]

카페 사장님

시크한 카페 사장님

신경질적인 카페 사장님

비웃는 카페 사장님

우울한 카페 사장님

외로운 카페 사장님

인물의 정적인/차가운 행동, 상태를 표현하는 키워드

• 비웃다	• 굳다	• 외롭다	• 우울하다
• 냉소적이다	• 떨다	• 혼자 있다	• 실망하다
• 여위다	• 응시하다	• 기다리다	• 절망하다
• 깡마르다	• (눈에) 초점이 없다	• 견디다	• 소름 돋다
• (우두커니) 서 있다	• 고민하다	• 멈추다	• 무기력하다
• 바라보다	• 고뇌하다	• 음미하다	• 처지다
• 창백하다	• 무표정	• 무섭다	• 회피하다
• 철면피	• 고독하다	• 침울하다	• 몽롱하다
• 딱딱하다			

[동물]

코끼리

사나운 코끼리

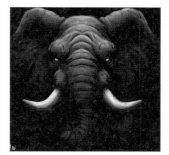

광기 어린 코끼리

동물을 정적으로/차갑게 표현하는 키워드

• 사납다	• 고독하다	• 광기	• 으르렁거리다
• 매섭다	• 견디다	• (이를)드러내다	• 대적하다
• 날카롭다	• 멈추다	• 바라보다	• 숨죽이다

[사물]

연필

뾰족한 연필

금이 간 연필

사물을 정적으로/차갑게 표현하는 키워드

- 날카롭다
- 냉장
- 딱딱하다
- 금이 가다
- 서늘하다
- 각지다
- 굳다
- 깨지다
- 뾰족하다

[배경 / 상황]

새벽 창밖 풍경

쌀쌀한 새벽 창밖 풍경

비바람 몰아치는 새벽 창밖 풍경

배경/상황을 정적으로/차갑게 표현하는 키워드

- 춥다
- 살벌하다
- 폭풍우
- 디스토피아
- 서늘하다
- 싸늘하다
- 소나기
- 아포칼립스
- 쌀쌀하다
- 서리가 내리다
- 눈보라 한파
- 재난
- 동풍이 불다
- 오한을 느끼다
- (안개가) 자욱하다
- 재앙
- 냉기가 느껴지다
- 건조하다
- 쌩쌩
- 대치하다
- 얼어붙을 듯하다
- 코끝이 찡하다
- 새벽
- 대적하다
- 겨울
- 폭풍
- 한겨울
- 갈등하다

[공간 / 공기]

지하실

냄새나는 지하실

무서운 지하실

공간/공기를 정적으로/차갑게 표현하는 키워드

- 축축하다
- 칙칙하다
- 냄새나다
- 무겁다
- 구리다
- 무섭다
- 두렵다

- 가라앉다
- 근엄하다
- 숙연하다
- 소름 돋다
- 고요하다
- 음울하다
- 소름 끼치다

- 폐쇄적이다
- 갇히다
- 거무스름하다
- 새까맣다
- 무광 탁하다
- 숨죽이다
- 음산하다

- 음침하다
- 가물가물하다
- 어스름하다
- 냉기가 돌다
- 으슬으슬하다
- 싸늘하다
- 적막이 흐르다

밝은 / 가벼운 분위기

마지막으로 밝고 가벼운 분위기를 형성하는 프롬프트 키워드까지 살펴보겠습니다.

[인물]

과학자

우아한 과학자

유쾌한 과학자

| 환호하는 과학자 | 폴짝폴짝 뛰는 과학자 | 청소하는 과학자 |

인물의 밝은/가벼운 성격을 표현하는 키워드

- 발랄하다
- 깨끗하다
- 온화하다
- 유쾌하다
- 방정맞다
- 상냥하다
- 명랑하다
- 경박하다
- 촐싹거리다
- 우아하다
- 쾌활하다

인물의 밝은/가벼운 행동, 상태를 표현하는 키워드

- 환호하다
- 폴짝폴짝
- 사뿐사뿐
- 희다
- 즐겁다
- 반짝반짝
- 나풀나풀
- 기쁘다
- 재밌다
- 번쩍
- 자박자박
- 반듯하다
- 웃기다
- 인사하다
- 놀다
- 단정하다
- 꺄르륵
- 청소하다
- 가녀리다
- 단장하다
- 유쾌하다
- 초롱초롱
- 곱다
- 잔망스레
- 훤하다

[동물]

요크셔테리어 | 꼬리를 흔드는 요크셔테리어 | 잔망스러운 요크셔테리어

[사물]

백팩

휘황찬란한 백팩

깨끗한 백팩

[배경 / 상황]

바다가 보이는 테라스

바다가 보이는 **상쾌한** 테라스

바다가 보이고
햇살이 비치는 테라스

- 산뜻하다
- 햇살이 비치다
- 화창하다
- 휘요하다
- 상쾌하다
- 화사하다
- 대낮
- 나들이
- 선선하다
- 별이 빛나다
- 달밤
- 산책
- 눈부시다
- 영롱하다
- 휘영청하다

- 희붐하다: 날이 새려고 빛이 희미하게 돌아 약간 밝은 듯하다.
- 반하다: 어두운 가운데 밝은 빛이 비치어 조금 환하다. ㉘ 문틈으로 반한 빛이 비쳤다.

[공간 / 공기]

바닷바람   선선한 바닷바람   시원스러운 바닷바람

공간/공기의 밝은/가벼운 성격을 표현하는 키워드

- 환하다
- 밝다
- 넓다
- 은은하다
- 시원스럽다
- 깔끔하다
- 새롭다
- 눈부시다
- 선선하다
- 트이다

08-2

감정

'옅은 미소를 띤'을 함축하는 표현이에요!

'두 팔을 벌리고 함박웃음을 짓는'으로 바꿔 볼 수도 있어요!

기쁨

달리기 선수

흐뭇해하는 달리기 선수

감격에 겨운 달리기 선수

기쁜 감정을 표현하는 키워드

• 짜릿하다	• 정겹다	• 훈훈하다	• 희색만면
• 후련하다	• 감사하다	• 행복하다	• 두 팔을 벌리다
• 반갑다	• 뿌듯하다	• 만족하다	• 미소를 띠다
• 신나다	• 즐겁다	• 구가하다	• 껴안다
• 감격하다	• 유쾌하다	• 득의만면	• 얼싸안다
• 감동하다	• 통쾌하다	• 환영하다	• 예부하다 (기쁜 마음으로 따르다)
• 고맙다	• 흐뭇하다	• 희동안색	
• 설레다			

사랑

왕자와 공주

그윽한 분위기까지 연출해요!

서로 아끼는 왕자와 공주

애틋한 왕자와 공주

사랑이라는 감정을 표현하는 키워드

- 염모하다
- 흠모하다
- 열애하다
- 사랑하다
- 좋아하다

- 애틋하다
- 아끼다
- 소중히 하다
- 간직하다
- 설레다

- 풋풋하다
- 따르다
- 가슴이 뛰다
- 얼굴이 붉어지다
- 홍조를 띠다

- 고백하다
- 몸을 베베 꼬다
- 사랑스러운 눈빛으로 쳐다보다

슬픔

병사

'얼굴을 감싸 쥐고 통곡하는'의 의미를 갖고 있어요!

비통한 병사

'눈을 감고 기도하는'의 의미예요!

애원하는 병사

슬픈 감정을 표현하는 키워드

- 슬프다
- 비통하다
- 애절하다
- 열열하다
- 통곡하다
- 수심
- 애처롭다
- 위로하다
- 위안하다
- 처량하다
- 구슬프다
- 비장하다
- 비참하다
- 서럽다
- 서글프다
- 목이 메이다
- 가슴을 치다
- 눈물을 흘리다
- 얼굴을 감싸 쥐다
- 애별하다
- 애원하다

분노

'이빨을 드러내고 노려보는'의 뜻을 담고 있어요!

고양이

성질내는 고양이

노발대발하는 고양이

분노의 감정을 표현하는 키워드

- 폭발하다
- 분노하다
- 성질내다
- 열분
- 분통을 터뜨리다
- 적대시하다
- 골내다
- 원통하다
- 노발대발하다
- 발끈하다
- 질책하다
- 책망하다
- 다그치다
- 원망하다
- 이를 갈다
- 주먹을 쥐다
- 치를 떨다
- 눈을 치켜뜨다
- 노려보다
- 내리치다
- 때려 부수다
- 미간을 치켜뜨다
- 한숨쉬다

두려움

할머니

'턱에 손을 고고 생각에 잠긴'과
유사한 이미지가 표현돼요.

초조한 할머니

충격받은 표정의 할머니

두려운 감정을 표현하는 키워드

• 미심쩍다	• 전전긍긍하다	• 숨막히다	• 손에 땀을 쥐는 듯하다
• 초조하다	• 막막하다	• 답답하다	• 머리칼이 곤두서다
• 겁나다	• 꺼림직하다	• 걱정하다	• 몸서리치다
• 섬뜩하다	• 충격받다	• 까무러치다	• 초점이 없는 눈동자
• 난처하다	• 떨리다	• 소스라치다	• 입술이 파랗게 질리다
• 섬뜩하다	• 가혹하다	• 다리가 후들거리다	• 동공이 커지다

이모지를 활용해 이미지 생성을 요청할 수도 있어요!

이모지(emoji)는 스마트폰이나 컴퓨터에서 사용하는 그림 문자입니다. 표정, 인물, 동물, 물건, 행사, 음식, 식물, 교통, 장소 등 다양한 그림 문자를 조합하여 프롬프트를 작성할 수 있습니다. 긴 글도 이모지를 활용하면 짧지만 핵심을 담은 프롬프트로 만들 수 있습니다.

▶ 이모지 입력 창 단축키
- 윈도우: ⊞ + ;
- 맥OS: [Control] + [Command] + [Spacebar]

> 대부분의 이미지 생성 AI에서 이모지를 사용해 프롬프트를 작성할 수 있습니다.

이모지는 단어로 취급하므로 AI 모델마다 이모지를 이해하여 그림을 그려 내는 정도가 다를 수 있다는 점에 유의해야 합니다. 또, 그림 문자 자체는 색상이 입혀져 있어도 이것을 활용해 이미지를 생성할 때는 색상이 반영되지 않습니다. 따라서 앞서 이모지를 활용해 프롬프트를 작성할 때도 알아본 키워드들을 조합하거나 원하는 색상을 상세히 묘사한다면 더 구체적인 이미지를 얻을 수 있습니다.

> 기수가 탄 말 2마리와 혼자서 달리는 말 4마리를 이모지로 넣어 보았습니다.

> AI는 이모지를 조합하기도 하고 각각 따로 이해하기도 합니다. 그런 경우 여러 번 시도하거나 이 예시처럼 이모지를 여러 번 반복해서 사용해 보세요!

똑같은 이모지를 사용해 작성한 프롬프트를 여러 AI 모델에서 실험해 보면 어떤
결과가 나올까요?

이렇게 써보세요!

- 🐷❄❄❄💬🕺💃❄❄❄💬❄ ─── 뤼튼, 빙 이미지 크리에이터
  춤추는 두 남녀 watercolor style
- 🐷❄❄❄💬🕺💃❄❄❄💬❄
  dancing couple watercolor style ─── 그 외의 AI
- ❄🐷💬🕺💃

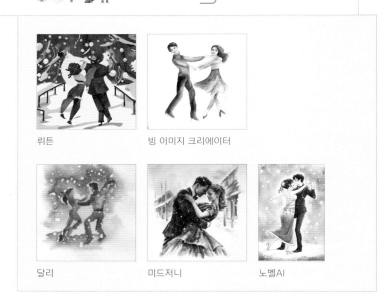

뤼튼   빙 이미지 크리에이터

달리   미드저니   노벨AI

인공 지능이 생소한

일반인을 위한
생성 AI 실무 입문서!

프롬프트로 블로그 글쓰기, **기획안** 작성부터
미드저니&챗GPT로 **수익** 창출까지!

하루 만에 끝내는

챗GPT
활용법

일반인을 위한 생성 AI 실무 입문서

인공지능 전문 유튜버 '프롬프트 크리에이터' 지음

국내 최대 커뮤니티
'ChatGPTers'
그룹장 추천!

된다!

능력과 가치를
높이고 싶다면
된다!

 동영상 강의도
있어요!

 최신판
GPT-4 반영!

이지스 퍼블리싱

유튜브
무료 강의
제공!

최신
생성 AI 정보
업데이트 중!

인공지능 전문 유튜버 '프롬프트 크리에이터' 지음 | 224쪽 | 16,500원

이지스 퍼블리싱